Entrega voluntária à adoção

Blucher

Entrega voluntária à adoção

Psicanálise, direito e política

Daniela Torres Pedruzzi
Anamaria Silva Neves

Entrega voluntária à adoção: psicanálise, direito e política

Publisher Edgard Blücher
Editor Eduardo Blücher
Coordenação editorial Rafael Fulanetti
Coordenação de produção Ana Cristina Garcia
Produção editorial Kiyomi Yamazaki e Andressa Lira
Preparação de texto Regiane da Silva Miyashiro
Diagramação Estúdio dS
Revisão de texto Maurício Katayama
Capa Laércio Flenic
Imagem da capa iStockphoto

Blucher

Rua Pedroso Alvarenga, 1245, 4º andar
04531-934 – São Paulo – SP – Brasil
Tel.: 55 11 3078-5366
contato@blucher.com.br
www.blucher.com.br

Segundo o Novo Acordo Ortográfico, conforme 6. ed. do *Vocabulário Ortográfico da Língua Portuguesa*, Academia Brasileira de Letras, julho de 2021.

Dados Internacionais de Catalogação na Publicação (CIP)
Heytor Diniz Teixeira, CRB-8/10570

Pedruzzi, Daniela Torres
Entrega voluntária à adoção : psicanálise, direito e política / Daniela Torres Pedruzzi, Anamaria Silva Neves. – São Paulo : Blucher, 2025.

144 p.

Bibliografia
ISBN 978-85-212-2527-0 (impresso)
ISBN 978-85-212-2526-3 (eletrônico - Epub)
ISBN 978-85-212-2525-6 (eletrônico - PDF)

1. Psicanálise. 2. Psicanálise clínica. 3. Psicanálise e mulheres. 4. Adoção. 5. Serviços de saúde materna. 6. Direito das mulheres. 7. Psicologia jurídica. I. Título. II. Neves, Anamaria Silva Neves. III. Série

CDU 159. 964.2

Índice para catálogo sistemático:
1. Psicanálise CDU 159.964.2

*À minha mãe, Denise (*in memoriam*) e ao*
meu filho, minha origem e meu legado.
Serão sempre meu maior estímulo para a vida.
Daniela Torres

Às mulheres e às meninas que resistem e insistem
na luta por dignidade, autonomia e liberdade.
Anamaria Neves

Agradecimentos

Aos amigos, familiares, professores, colegas de trabalho e de estudos, que acompanham as nossas trajetórias e que fazem desse caminhar uma jornada especialmente gratificante.

Às mulheres participantes da pesquisa que deu origem a este livro e a todas as demais gestantes que nos permitiram acessar/escutar dores tantas vezes inefáveis em uma sociedade de exclusão como esta em que vivemos.

Daniela Torres e Anamaria Silva Neves

Conteúdo

Prefácio

É com grande satisfação e orgulho que apresento esta obra, fruto da dissertação de mestrado de Daniela Torres Pedruzzi (sob orientação da Profa. Dra. Anamaria Silva Neves), excelente profissional que atua como Psicóloga Judicial junto ao Tribunal de Justiça de Minas Gerais (TJMG) e com quem tenho a honra de trabalhar nos processos da Infância e da Juventude.

Além de nossa lida diária na Vara da Infância e da Juventude (VIJ) de Uberlândia, já trabalhamos juntos em seminários realizados em diversas comarcas do Estado de Minas Gerais, especificamente capacitando as redes de proteção dos municípios mineiros. O trabalho consiste em auxiliar na implantação e no fortalecimento do Programa Entrega Legal, criado pelo TJMG em 2019, que busca dar suporte ao melhor atendimento das gestantes ou mães de recém-nascidos que manifestam desejo de entregar o filho em adoção, sempre em respeito ao disposto no Estatuto da Criança e do Adolescente (ECA), com as alterações introduzidas pela Lei n. 17.509, de 2017.

A pesquisa por ela realizada e orientada pela Profa. Dra. Anamaria Silva Neves aborda um tema de relevância crucial e crescente que atravessa os campos do Direito e da Psicologia: a escuta psicanalítica das mulheres que manifestam o desejo de entregar seu filho à adoção. Entender as nuances legais e compreender as questões psicológicas acerca de um tema tão sensível e complexo é de fundamental importância para todos aqueles que atuam em quaisquer dos lugares pelos quais a mulher gestante possa transitar, antes ou depois do nascimento de seu filho.

O livro explora as implicações legais e psicológicas (especialmente estas) da entrega voluntária do filho para adoção, enaltecendo não só o direito das mulheres, mas também a necessidade de uma escuta ativa e de um acolhimento respeitoso e sensível. Nesse sentido, o livro nos convida, todo momento, a revisitar nossa prática diária no atendimento (em qualquer seguimento) das mulheres que manifestam o desejo de entregar o filho, ainda no ventre ou recém-nascido, à adoção.

Ao abordar a situação de vulnerabilidade vivenciada pela grande maioria dessas mulheres, as autoras nos oferecem uma análise crítica e ampla sobre a temática, mas especialmente nos remetem a uma reflexão sensível, cuidadosa e empática a respeito das múltiplas violências perpetradas em desfavor dessas mulheres: vulnerabilidade social, violência sexual, violência física, relacionamentos tóxicos e abusivos, dentre outras.

A pesquisa trazida nesta excelente obra baseou-se em casos reais atendidos, vivenciados e experienciados por Daniela, enquanto psicóloga judicial do TJMG, o que muito enriquece o material aqui produzido. Vale dizer, a teoria apresentada guarda estreita relação com a prática que Daniela realiza com maestria em suas atividades profissionais no fórum da comarca de Uberlândia.

A ilustração com os casos de Medusa, Dafne e Rhea dão concretude a todo o conteúdo acadêmico tão bem delineado, sempre na medida certa do que precisamos saber para melhor compreender a temática que o livro nos apresenta.

Cada página desta obra reflete a preocupação e o compromisso da autora em abordar, de maneira humanizada, os desafios enfrentados por essas mulheres, e demonstra, também, um exemplar cuidado com o bem-estar das crianças (bebês que já nasceram ou que nascerão em breve).

Ao propor a escuta psicanalítica das mulheres que procuram o Judiciário para entregarem seus filhos à adoção, as autoras, sabiamente, fundamentam essa prática no entendimento de que é preciso escutar os conteúdos inconscientes do psiquismo de cada uma delas. Vale dizer, é preciso ouvi-las de maneira particularizada e pormenorizadamente cuidada em todas as nuances que as envolvem.

A sensibilidade das autoras está presente em cada linha dos capítulos desta bela obra. Fala sobre o não desejo da maternidade. Questiona a idealização da maternidade. Anuncia o desconforto enfrentado quando se propõe uma escuta acolhedora dessas mulheres gestantes. Demonstra as vulnerabilidades, as fragilidades, as fraquezas e as violências sofridas por essas mulheres. Afirma que a entrega voluntária se trata de um direito das mulheres. Anuncia a todos que as mulheres devem ser atendidas, cuidadas e amparadas, sem qualquer constrangimento. Enfim, inúmeras são as questões que atravessam a vida dessas mulheres. Enquanto homem, tenho consciência de que jamais saberei das dores que uma mulher sofre ao procurar a Justiça para fazer a entrega voluntária de seu bebê à adoção.

Desejo que este livro seja uma fonte valiosa de conhecimento e inspiração para todos aqueles que se dedicam a compreender o tema da entrega voluntária à adoção dentro do campo do direito e da psicologia, promovendo uma abordagem mais consciente, respeitosa, sensível e empática.

Daniela e Anamaria, renovo-lhes meus parabéns pelo excelente trabalho e pelo significativo impacto que esta pesquisa terá nas áreas do direito e da psicologia.

José Roberto Poiani
Juiz de Direito da Vara da Infância e Juventude da Comarca de Uberlândia – Minas Gerais e membro da Coordenadoria da Infância e da Juventude do Tribunal de Justiça de Minas Gerais (COINJ).

Apresentação

Este livro originou-se da pesquisa de mestrado de Daniela Torres, orientada pela Profa. Dra. Anamaria Silva Neves. A pesquisa teve início a partir das inquietações da mestranda diante do sofrimento psíquico de mulheres que buscaram o Judiciário para entregar seus bebês para adoção. O trabalho como psicóloga jurídica, servidora de um tribunal estadual, atuando com várias temáticas complexas, sempre despertou interesses diversos pela pesquisa, pela investigação e pela elaboração teórica a partir da prática. Daniela vivenciou o amadurecimento desse desejo, permitindo-se ser instigada a pesquisar um tema que a mobilizasse de maneira ainda mais profunda. Foi assim que a pesquisa que deu origem a este livro teve seu início, a partir do encontro entre a prática profissional, o desejo de saber teórico e o envolvimento afetivo genuíno pela maternidade e suas dores e os diálogos com a Universidade, intensificados com a interlocução com a orientadora e companheira de discussões Anamaria Neves.

A obra que o leitor e a leitora têm em mãos, portanto, apresenta um conteúdo prático acerca dos atendimentos psicológicos no contexto judicial das mulheres que buscam a Justiça para entregar seus bebês para adoção, esmiuçando as atuais e recentes questões legais que os definem. Antes disso, porém, é feito um retorno ao contexto histórico que envolve a circulação de crianças, especialmente a roda dos expostos. Esse antigo dispositivo recebia bebês, sobretudo de forma anônima, mantendo-se silenciado todo um contexto social, político e afetivo dessa prática.

A abordagem teórica que fundamenta o livro é a Psicanálise, especialmente por permitir escutar o não dito, acessar os processos inconscientes que permeiam a cultura e os sujeitos, mobilizando os fazeres e dizeres contemporâneos sobre a mulher, a maternidade e a entrega voluntária de bebês à adoção. Portanto, o leitor e a leitora vão encontrar os principais construtos da escuta psicanalítica dessas mulheres, dentro das possibilidades de realização da Psicanálise para além do *setting* tradicional.

Consideramos que o conteúdo mais importante do livro é aquele que diz respeito às gestantes, mulheres que compuseram a pesquisa, e que apresentamos nesta obra. Em razão disso, a parte de análise e discussão original dos casos foi mantida com a intenção de permitir uma aproximação mais genuína da escuta que se realizou dos impasses subjetivos vivenciados por elas ao longo do acompanhamento realizado.

Enfim, esperamos que este livro possa trilhar caminhos ainda não suficientemente explorados, que permitam a profissionais da Psicologia, Serviço Social e Direito escutarem e darem voz aos sofrimentos psíquicos presentes na vida das gestantes que buscam a Justiça para a entrega voluntária de seus bebês à adoção.

Uberlândia, 3 de fevereiro de 2025.

Daniela Torres Pedruzzi
Anamaria Silva Neves

Drão, o amor da gente é como um grão
Uma semente de ilusão
Tem que morrer pra germinar
Plantar n'algum lugar, ressuscitar no chão nossa semeadura
Quem poderá fazer aquele amor morrer
Nossa caminhadura?
Dura caminhada
Pela estrada escura
Drão, não pense na separação
Não despedace o coração
O verdadeiro amor é vão
Estende-se infinito, imenso monolito, nossa arquitetura
Quem poderá fazer aquele amor morrer
Nossa caminhadura?
Cama de tatame
Pela vida afora
Drão, os meninos são todos sãos
Os pecados são todos meus
Deus sabe a minha confissão, não há o que perdoar
Por isso mesmo é que há de haver mais compaixão
Quem poderá fazer aquele amor morrer
Se o amor é como um grão?
Morre e nasce trigo
Vive e morre pão
Uôh, Drão

Gilberto Gil

Introdução

Apesar de trabalhar há mais de dezoito anos como psicóloga judicial no Tribunal de Justiça de Minas Gerais (TJMG), atendendo diversos casos de famílias e crianças em situações de litígio e/ou risco e vulnerabilidade, sempre às voltas com experiências intensas e que tanto me inquietaram em diversos momentos, considero que esta pesquisa se iniciou a partir do momento em que me tornei mãe. A maternidade para mim tem essa potência transformadora e envolve a convocação a tantas novas experiências e, em minha vida, incluo o desbravar da psicanálise, da maternidade e desta pesquisa.

Foi como várias mulheres contemporâneas que ainda permanecem sob o discurso social do ideal materno, no qual o tornar-se mãe assume um imperativo superegoico (que se desdobra nas exigências do que é a "boa mãe"), que a maternidade tocou a minha vida. Desejei profundamente ter meu filho, vivenciar a maternidade, e o recebi com a sensação nirvânica de realização. Não esperava, contudo, encontrar os percalços dessa entrega intensa da minha subjetividade para a constituição da subjetividade desse outro recém-nascido de mim. As profundas demandas dessa nova vida, a minha e do meu rebento, arrebentaram com o ideal de maternidade que ainda carregava. Em meio à angústia despertada, fui em busca de pesquisar sobre esse tornar-se mãe tão distinto do que eu esperava. Encontrei então *blogs*, livros, publicações em Psicanálise, Antropologia e História apresentando um tal mal-estar na maternidade. Passei a aprofundar meus estudos sobre maternidade e parentalidade ao mesmo tempo que construía a minha maternidade singular na relação com meu filho. Acolhi no meu percurso de análise pessoal os sentidos e os sem sentido dessa transformação. Em dado momento, decidi retomar meus estudos psicanalíticos seguindo o caminho para onde apontava o meu desejo para além da maternidade. Winnicott (1947/2000) alude que "a pesquisa em Psicanálise seria, talvez, em algum grau, uma tentativa do analista de levar sua própria análise a um nível mais profundo que aquele lhe foi possibilitado pelo seu analista" (p. 279).

Nesse mesmo período, o Marco Legal da Primeira Infância (Brasil, 2016), dentre vários projetos e inovações legislativas para a proteção da primeira infância, regulamentou, por meio de uma alteração no Estatuto da Criança e do Adolescente – ECA (Brasil, 1990), o atendimento pela equipe multiprofissional das Varas da Infância e Juventude da gestante que pretende entregar o seu bebê para adoção. Essa demanda de atuação acontecia anteriormente e se apresentava para mim como tema delicado e doloroso. Entretanto, surge na Justiça uma regulamentação expressa para que a gestante recebesse atendimento humanizado e acolhedor e que tivesse sua decisão respeitada. Elas passaram a chegar com maior frequência, não porque antes não existissem, mas sim porque, a partir de então, havia um discurso legal direcionado a elas.

A escuta das gestantes que buscam a Justiça apresentou-me também a uma outra cena, não tão distante de minha história pessoal, posto que minha mãe criou três filhos sem qualquer ajuda financeira do nosso pai, enfrentando diversos desafios sociais e econômicos para nossa sobrevivência física e também psíquica. As condições de vida precárias de mulheres socialmente vulneráveis, mães solo, sendo às vezes as únicas responsáveis pelo sustento de si e dos filhos, em subempregos ou desempregadas, são contornadas por histórias de dor, sofrimento e impotência que, por vezes, ressoam em minha subjetividade fazendo ecoar os sentimentos de tempos difíceis. O refinamento da minha experiência pessoal, dos estudos em Psicanálise e do desejo de escutar as gestantes que pretendem entregar os bebês guiou-me pelas reflexões constantes sobre os casos.

Grande parte da população atendida por mim nos diversos processos judiciais traz à tona a realidade perversa que compõe a situação de desigualdade social do nosso país. Ao retomar a minha história no Fórum, observo como marcos importantes de análise as famílias pobres chefiadas por mulheres e as desigualdades raciais. Então, na confluência dos fenômenos, desde há muito tempo, passei a me inquietar e refletir sobre o quanto as condições sociais constituem importante atravessamento na vida das gestantes e na relevância de se debruçar sobre os efeitos desse contexto na experiência da gestação e no vínculo delas com seus bebês.

Dessas andanças inquietantes, passei a me interrogar se seria possível um diálogo da Psicanálise com a Justiça a partir da escuta dessas mulheres nos impasses com o fenômeno de "tornar-se mãe" e da entrega legal. As reverberações nesse campo são múltiplas e singulares ao mesmo tempo. As inquietações persistem e continuam a brotar a cada encontro com uma gestante, a cada caso, a cada audiência judicial, tendo se tornado o objetivo do presente estudo. Portanto, o objetivo desta pesquisa foi analisar a escuta psicanalítica de mulheres que buscaram o Judiciário para entregar seus bebês para adoção. Especificamente, interessava acessar e discutir os impasses subjetivos apresentados por elas.

Ao entrar em contato com as mulheres e suas narrativas, deparei-me com histórias permeadas por dores e angústias, desinformação, confusão afetiva, situações de abandono e de violências diversas que, naquele contexto, ligavam-se à experiência da gestação. Fui tomada por um mal-estar intenso que se configurava como sentimento de impotência, a ponto de ter o corpo imobilizado e sem energia, em uma condição de desinvestimento libidinal. Essa experiência, tão próxima do que se entende por desamparo, tornou a se repetir em outros momentos do trabalho realizado junto às gestantes, com as equipes da rede municipal, nas leituras do material documental e estudos acadêmicos. Como pesquisadora em Psicanálise, a reflexão sobre esse mal-estar provocado na experiência da escuta das gestantes indicava que ali se encontravam fios e rastros a serem percorridos na pesquisa.

Portanto, no campo da pesquisa, tornei-me sujeito da experiência, e conforme apresentado por Bondia (2002), me vi como alguém que se permitiu o risco da travessia e da transformação inerente aos fatos que me atravessavam. Tornei-me aquela que se dispôs a sentir, mesmo que fosse o padecimento. Desse modo, Anamaria e eu, orientadora e mestranda, diante do material de pesquisa, fomos trilhando as descobertas do campo e, ao produzir incessantes questionamentos, fomos produzindo juntas novas possibilidades de ensaios interpretativos. Segundo Bondia (2002), a experiência, enquanto algo que acontece a alguém, marca a singularidade do viver que pode ter como efeito a produção de um sentido, de um saber, único e subjetivo, como o saber analítico. Dessa forma, a metodologia empregada na pesquisa, enquanto pesquisa em Psicanálise, incluiu a pesquisadora como seu primeiro sujeito (Iribarry, 2003), da qual se desdobraram transferencialmente os alicerces que guiaram a construção de um saber.

A música "Drão", de Gilberto Gil, que apresento na epígrafe deste trabalho, é um convite a pensar na "dura caminhada" dessas mulheres, suas vidas em "camas de tatame", marcadas por lutas e tantos enfrentamentos, que culminam numa separação. Há um amor, que vai germinar em outro lugar, mas "quem poderá fazer aquele amor morrer?". E "não há o que perdoar, por isso há de haver mais compaixão" a essas mulheres.

Para o percurso teórico do estudo, é proposto, no Capítulo 1, apresentar o histórico sobre a circulação de crianças, especialmente na modalidade da Roda dos Expostos, que parece se atualizar a partir da entrega voluntária à adoção. De fato, há uma repetição de rupturas entre mães e seus bebês, talvez até pelos mesmos motivos anteriores. Na sequência, apresentamos o que é a entrega voluntária à adoção no atual ordenamento jurídico e as propostas de intervenção que dela resultaram, carregando em seu cerne possibilidades de reflexão e escuta que podem fazer vacilar os discursos predominantemente pejorativos e silenciadores das mulheres que se dispõem a essa entrega.

Em seguida, no Capítulo 2 estão dispostas as reflexões sobre o encontro da Psicanálise e o Direito que, no presente estudo, acontece no Programa Entrega Legal do Tribunal de Justiça de Minas Gerais. Supomos que não seja sem efeitos, tanto para o Judiciário quanto para a sociedade, que a Justiça se proponha a ofertar acolhimento. Por tratar-se de legislação especial de proteção da infância, aqui estendida ao cuidado com a gestante, a instituição que tem papel julgador se desloca para um lugar garantidor da decisão da mulher acerca da entrega ou não do filho. Esse pode ser um atravessamento institucional relevante ao proporcionar o direito da mulher em decidir sobre ser mãe de uma criança biologicamente gestada por ela, o que nem sempre acontece em outros cenários. Entretanto, a efetividade do que está proposto na letra da lei sustenta-se em uma clínica da escuta dentro do Judiciário, sendo importante reconhecer os pontos de tensão que advém do encontro da Justiça com a Psicanálise e as possibilidades dessa escuta.

No Capítulo 3 é discutida a apreensão psicanalítica da maternidade, destacando que não é necessariamente consequência da experiência biológica de uma gravidez. O tornar-se mãe impõe intenso trabalho psíquico que remete a gestante às suas relações primordiais, que emergem e atuam em suas possibilidades de fantasiar um sujeito onde se tem, por vezes, apenas a barriga. Esses processos psíquicos complexos podem se tornar ainda mais difíceis, posto que certas condições sociais e familiares impõem ao psiquismo da gestante desafios que, para ela, em dado momento, podem ser insuperáveis. Interessa, portanto, pensar na maternidade por um de seus possíveis avessos: a maternidade que não se pretende enquanto a gestação está em curso. Trata-se de mulheres que se encontram num vir-a-ser da maternidade e que procuram a Justiça para um não-vir-a-ser mães.

No Capítulo 4 está descrita a metodologia utilizada, ressaltando as principais características da pesquisa em Psicanálise, especialmente quanto à instrumentalização da transferência para elaboração da pesquisa. Além disso, a presente investigação está inserida no campo da pesquisa em extensão devido ao seu caráter de aplicação da Psicanálise em contexto institucional. Na sequência, é detalhado como acontece a chegada das gestantes ao Programa Entrega Legal e os primeiros passos da pesquisa, a seleção dos casos, submissão ao Comitê de Ética em Pesquisa e como se deu a composição das informações que foram analisadas. Em seguida, ainda nesse capítulo, cada uma das participantes é apresentada e o nome escolhido para elas, inspirados na mitologia grega.

No Capítulo 5 é retomado o referencial psicanalítico, em que prevalece o acesso ao inconsciente que se apresenta na fala, escrita, gestos e nas relações transferenciais dos sujeitos e da pesquisadora. A análise do material permitiu a abordá-los em itens temporais, utilizando como inspiração os três tempos lógicos propostos por Lacan (1945/1998). O primeiro item de análise apresenta *o instante de ver*, em que foi analisada a temática no Judiciário e as narrativas iniciais das gestantes sobre a gravidez. No seguinte item, *o tempo de compreender*, constam as reflexões sobre as relações das gestantes com as próprias mães e os entraves na suposição de um sujeito, que torna os bebês estranhos em seus ventres. Por fim, no último item, *o momento de concluir*, estão dispostas as considerações sobre os partos das participantes e os seus desdobramentos, assim como as possibilidades de uma escuta clínico-política no meio jurídico, analisando tanto o trabalho desenvolvido com as gestantes quanto as reverberações no discurso jurídico sobre o tema acessado nas audiências e nos processos.

1. A entrega voluntária à adoção

A formalização jurídica de um fenômeno social

A circulação de crianças acontece desde tempos bíblicos. Segundo Fonseca (1995), essa expressão designa toda a transação na qual a responsabilidade por uma criança é passada de um adulto a outro. Situações em que as mães não permanecem junto aos seus filhos após o nascimento se mostram como um fenômeno social que se repete ao longo da história, assumindo em cada momento e em dada sociedade um discurso específico com significação simbólica própria, marcado pelos contextos políticos e econômicos; contudo, de maneira geral, transfigurando-se como repetição, no sentido psicanalítico, de um sintoma social, revelador das desigualdades sociais e das diferentes formas de articulação no laço (Serra, 2003; Motta-Maués, 2012).

A Roda dos Expostos, primeiramente descrita em 1198, era um dispositivo onde se colocava o bebê pelo lado de fora e, rodando-a, a criança podia ser recolhida pelo lado de dentro. As crianças eram colocadas nas instituições asilares de maneira anônima, apesar de relatos da existência de cartas ou bilhetes deixados junto ao bebê (Porto, 2011).

No Brasil do século XVIII, as Santas Casas de Misericórdia instalaram as Rodas dos Expostos especialmente preocupadas em minimizar a morte de bebês pagãos, sendo que a primeira providência ao receber uma criança na Roda era a realização do seu batismo. Portanto, esse dispositivo apresentava inicialmente um cunho religioso e, posteriormente, também assistencialista.

No Brasil, o Código de Menores de 1927 extinguiu o anonimato da Roda dos Expostos, passando a ser exigida alguma identificação da genitora ou da família para se deixar uma criança nas instituições asilares (Viana, 2021). A última Roda que se tem notícia no Brasil localizava-se em São Paulo e foi extinta em 1950 (Arantes, 2020).

A extinção da Roda não significa a eliminação dos dispositivos asilares de acolhimento de crianças abandonadas, tratando-se apenas de modificar os meios de inserção neles. Sob a Legislação Menorista, conhecida como "Código de Menores", promulgado em 1927, e que permaneceu vigente até 1990, crianças em situação de pobreza, abandono ou irregularidade eram destinadas a instituições criadas dentro da lógica assistencial, mas também correcional e preventiva de comportamentos criminosos. Esse período consagra a vinculação entre infância pobre e a delinquência, com início desde o Brasil colônia (Arantes, 2020).

Mais recentemente, no ano 2000, dispositivos similares à Roda dos Expostos ressurgiram em diversos países da Europa com a instalação de berços aquecidos e monitorados por enfermeiras nas proximidades de hospitais, mas com o mesmo objetivo de receber os bebês indesejados (Evans, 2012). Áustria, França e Itália, por outro lado, passaram a acolher o parto anônimo, no qual a gestante abdica do filho após dar à luz sem que haja qualquer registro oficial que vincule o nome da mãe ao bebê, levando ao completo ou quase completo apagamento da história de origem da criança (Arantes, 2020). A Organização das Nações Unidas se posiciona contrária a tais dispositivos em razão da perda de possibilidade de ulterior identificação da história da criança (Neves, 2015). É de suma importância que se possa preservar a história da criança, posto que, desde antes de seu nascimento, há transmissões psíquicas e sociais que são parte da sua constituição subjetiva.

No Brasil, o parto anônimo não foi regulamentado e não se tem notícias de Roda dos Expostos na atualidade. Entretanto, é sabido que as adoções irregulares,[1] sem a intervenção do Judiciário, ainda acontecem. São adoções em que a genitora ou os genitores não querem ou não podem cuidar de seus bebês e os entregam a terceiros. Essa modalidade de circulação de crianças não é acolhida pela legislação pátria, posto que é considerada uma prática que não garante os direitos do infante. Este é colocado em situação de informalidade jurídica, sem registro civil que conste a "adoção", podendo dificultar o amplo acesso da criança aos serviços de saúde e educação, bem como direitos sucessórios em caso de morte dos "pais adotivos". Do ponto de vista afetivo e emocional, a constituição de famílias nessa modalidade pode apresentar importantes elementos de insegurança, interferindo negativamente no estabelecimento dos vínculos afetivos e sentimentos de pertencimento, como demonstrado por Dias e Neves (2018).

As adoções regulares, que acontecem sob tutela jurídica, não se encontram isentas de apresentarem dificuldades e percalços a serem superados na contínua construção dos laços familiares. Contudo, elas podem contar com o importante componente simbólico da nomeação jurídica dos lugares parentais e filiais dos sujeitos envolvidos, o que produz efeitos psíquicos subjetivos nas vinculações familiares (Mougin-Lemerle, 2010).

---

1 Adoção irregular é aquela que acontece à margem da Justiça, sem qualquer intervenção jurídica. Nesse sentido, Dias e Neves (2018) indicaram a incoerência de se nomear as relações que se estabelecem sob essa modalidade sob o significante Adoção, posto que há intensa insegurança, fragilidade e risco de ruptura dos vínculos, especialmente em razão do seu caráter irregular.

> *O direito inscreve o ser humano na ordem da filiação, segundo modalidades particulares e próprias a cada cultura. Cada criança é falada por antecedência, bem antes de seu nascimento, não somente como nos provam os tratamentos analíticos, no desejo e nos discursos de seus pais e ascendentes, mas também pelas leis determinantes de sua filiação e de sua nominação. (Mougin-Lemerle, 2010, p. 2)*

A adoção também se constitui como forma de circulação de crianças e carregou forte estigma social negativo durante muito tempo. Trata-se de um dispositivo jurídico regulado no Brasil pelo Estatuto da Criança e do Adolescente – ECA (Brasil, 1990) e que tem recebido atenção especial dos legisladores e Judiciário, com constantes atualizações e aprimoramentos visando à garantia da proteção de crianças e adolescentes, sobretudo a garantia da convivência familiar, no caso da adoção, em família substituta. Nessa perspectiva, a formação de famílias que se dá por laços afetivos, a despeito das relações biológicas, tem conquistado cada vez mais reconhecimento social e jurídico no Brasil (Maux & Dutra, 2010; Dias & Oppermann, 2014).

Convém pontuar que, do Código de Menores à promulgação do ECA, a sociedade promoveu mudança significativa na concepção de infância. Reconhecendo a necessidade de modificação do caráter punitivo e assistencialista das políticas públicas para um compromisso social e legal de proteção e cuidado das crianças, instituiu-se a Doutrina da Proteção Integral da criança, a qual passou a ser tomada como sujeito de direitos. Ocorreu no Brasil um importante avanço na proteção da infância a partir da promulgação dessa lei, entretanto, no texto original do ECA (Brasil, 1990), não houve menção à entrega voluntária de bebês à adoção (Viana, 2021). Somente em 2009, com a Lei n. 12.210 ou Nova Lei da Adoção (Brasil, 2009), a qual atualizou alguns dispositivos do Estatuto, o direito à assistência psicológica pré e pós-natal foi estendido expressamente às gestantes que manifestem o interesse de entregar os bebês à adoção, bem como passa a ser determinado o encaminhamento dessas gestantes à Justiça da Infância:

> *Art. 13. Os casos de suspeita ou confirmação de castigo físico, de tratamento cruel ou degradante e de maus-tratos contra criança ou adolescente serão obrigatoriamente comunicados ao Conselho Tutelar da respectiva localidade, sem prejuízo de outras providências legais.*
>
> *§ 1º As gestantes ou mães que manifestem interesse em entregar seus filhos para adoção serão obrigatoriamente encaminhadas à Justiça da Infância e da Juventude. (Brasil, 2009)*

Considero que a apresentação da entrega voluntária no texto legal, como tópico da temática referente à suspeita de maus-tratos contra a criança e o adolescente, devendo ser encaminhada não mais ao Conselho Tutelar, mas diretamente à Justiça da Infância, coloca a gestante na condição de suspeita, o que supostamente requer intervenção do Estado.

Mais recentemente, na seara do Princípio da Proteção Integral da Infância, o Marco Legal da Primeira Infância, Lei n. 13.257/2016 (Brasil, 2016), pode ser considerado o berço do desenvolvimento dos dispositivos contemporâneos que se referem ao direito ao atendimento da mulher que deseja entregar o bebê para adoção. A lei constitui esforço legal e social, fundamentado nos desenvolvimentos científicos que tratam da importância dos seis primeiros anos da criança para seu desenvolvimento, em um rol de dispositivos legais que buscam ampliar a proteção à infância, garantir seus direitos e assegurar a sua absoluta prioridade (CNJ, 2020).

O Marco Legal da Primeira Infância acrescentou ao Estatuto a expressão "sem constrangimento", no § 1º do Art. 13, que passou a apresentar a seguinte redação:

> *Art. 13. Os casos de suspeita ou confirmação de castigo físico, de tratamento cruel ou degradante e de maus-tratos contra criança ou adolescente serão obrigatoriamente comunicados ao Conselho Tutelar da respectiva localidade, sem prejuízo de outras providências legais.*
>
> *§ 1º As gestantes ou mães que manifestem interesse em entregar seus filhos para adoção serão obrigatoriamente encaminhadas,* **sem constrangimento***, à Justiça da Infância e da Juventude. (Brasil, 2016, grifo nosso)*

A inclusão dessa expressão começa a indicar a modificação do discurso jurídico em relação à entrega voluntária à adoção, ao mesmo tempo que evidencia o provável tratamento constrangedor como regra (Figueiredo, Nery & Teixeira, 2021).

No ano seguinte, acompanhando os preceitos apresentados pelo Marco Legal da Primeira Infância, advém a Lei n. 13.509/2017 (Brasil, 2017), que apresentou, dentre vários outros temas, os dispositivos legais específicos acerca da entrega voluntária à adoção, alterando e incluindo artigos ao ECA, e acolheu no texto um fenômeno já recorrente na sociedade.

> *Art. 19-A. A gestante ou mãe que manifeste interesse em entregar seu filho para adoção, antes ou logo após o nascimento, será encaminhada à Justiça da Infância e da Juventude (Incluído pela Lei n. 13.509, de 2017).*
>
> *§ 1º A gestante ou mãe será ouvida pela equipe interprofissional da Justiça da Infância e da Juventude, que apresentará relatório à autoridade judiciária, considerando*

inclusive os eventuais efeitos do estado gestacional e puerperal. (Incluído pela Lei n. 13.509, de 2017)

A lei (Brasil, 1990) estabelece ainda o direito da mulher ao sigilo sobre a entrega do bebê à adoção (§ 5º Art. 19-A), o nascimento da criança (§ 9º do Art. 19-A) e as informações a serem prestadas em audiência (§ 3º do Art. 166). Observa-se que a preservação dessas informações aparece três vezes no texto e tem como única exceção o direito da criança a conhecer sua história (Art. 48). Acrescenta-se que a gestante pode ou não indicar o genitor do bebê, sendo dada a ela a discricionariedade sobre a indicação do pai. Há a indicação, por sua vez, que o genitor deverá ser ouvido pelo juiz e poderá ou não concordar com a entrega voluntária do bebê (§ 5º do Art. 19-A).

Observa-se que a legislação menciona a possibilidade da inclusão do genitor do bebê em algum momento no processo, inclusive para ser ouvido em audiência. Contudo, prioriza-se o direito da mulher de indicar ou não o pai da criança. Considerando-se que o Brasil apresenta índices alarmantes de violência de gênero (Fórum Brasileiro de Segurança Pública, 2021) e que ainda prevalece na sociedade a responsabilização preponderante ou exclusiva da mulher em relação aos filhos (Instituto Brasileiro de Geografia e Estatística, 2021), parece pertinente que seja dado protagonismo à mulher nessa decisão.

O inciso I, do § 1º, do art. 166 do ECA (Brasil, 1990) prevê que, após o parto, o juiz deve realizar a oitiva da gestante em dez dias. Contudo, a Resolução nº 485/2023 (CNJ, 2023a) aponta uma ressalva, vinculando a designação da audiência para oitiva da puérpera com base no relatório da equipe técnica interprofissional do juízo. Observo que abre-se a oportunidade para que sejam apontadas as condições ou contraindicações da mulher ser ouvida e manifestar sua decisão em tão pouco tempo. Confirmada em audiência a vontade de mulher e/ou dos pais pela entrega do bebê em adoção, o juiz emite uma sentença de *Extinção* do poder familiar, o que marca a diferença em termos de nomeação da sentença de *Destituição* do poder familiar.

A Destituição acontece quando o juízo conclui pela impossibilidade de manutenção da criança sob poder familiar dos genitores, após identificação, análise e julgamento de situações de violência e/ou negligência ao infante vivenciadas no contexto familiar. São processos judiciais extensos em que se analisam as condições da família em oferecer proteção e garantir o bom desenvolvimento da criança. A destituição é sentenciada pelo juiz, trata-se de decisão construída por ele a partir dos elementos e provas processuais, após esgotadas as possibilidades de manutenção da criança na família de origem (Digiácomo & Amorim, 2020).

Na entrega voluntária, por sua vez, o papel do juiz envolve mais o reconhecimento jurídico da escolha realizada pela gestante e/ou genitor do que propriamente o julgamento sobre as razões para aquela decisão da mulher. Portanto, o juiz emite uma sentença de extinção do poder familiar.

Essa diferença na acepção dos termos demarca a mudança na posição assumida pela Justiça diante dessas situações. Nos dispositivos referentes à entrega voluntária do bebê à adoção, a determinação legal *stricto sensu* repousa no encaminhamento da gestante ao Judiciário e aos procedimentos processuais respectivos, mas não há na legislação razões ou motivos que possam ou devam se colocar para apreciação e julgamento da autoridade judiciária para deferimento ou indeferimento do pedido de entrega voluntária à adoção. Obviamente, os operadores do direito e demais profissionais atuantes na proteção da infância têm como sustentação do raciocínio jurídico, clínico e/ou de análise a garantia dos direitos da criança e do adolescente. Contudo, na presente questão, há prevalência do reconhecimento em detrimento do julgamento por parte do juiz. Pode-se pensar que opera aqui certa torção no discurso jurídico, o qual se abstém de julgar as razões da mulher para aquela decisão, permitindo que se reconheça a existência da subjetividade e oportunizando que a definição processual se dê a partir dela.

O ordenamento jurídico pátrio, portanto, apresenta as especificações dos procedimentos sobre a entrega voluntária do bebê diretamente ao Poder Judiciário, incluindo-se os dispositivos legais que pressupõem o acolhimento da gestante sem constrangimento, bem como o acompanhamento psicossocial dela. Em janeiro de 2023, o Conselho Nacional de Justiça publicou a Resolução nº 485/2023, dispondo sobre o adequado atendimento da gestante ou parturiente que vise entregar o bebê à adoção (CNJ, 2023a). O texto destaca a primazia da garantia do sigilo sobre a entrega e o nascimento do bebê, caso solicitado pela mulher, o que reforça o reconhecimento de seu direito a fazer a escolha sobre o exercício da maternidade.

Nesta perspectiva, conforme prevista na legislação brasileira atual, a entrega voluntária à adoção compreende mecanismos que a diferem da antiga Roda dos Expostos e do parto anônimo ao se dirigir à mulher que entrega o bebê com oferta de cuidados e garantia de direitos. Contudo, ao mesmo tempo, permanece como mais uma modalidade de circulação de crianças. *A priori*, a pretensão contemporânea é de que a entrega à adoção aconteça de forma protegida, evitando-se o abandono dos bebês e a entrega deles a terceiros sem respaldo legal, e ainda vislumbra-se que seu caráter protetivo seja estendido à mulher (Viana, 2021).

Destaca-se que o ECA tipifica o não encaminhamento da gestante à Vara da Infância como crime do profissional que se omite nesse encaminhamento, passível de pena de multa. Verifica-se que o ordenamento prioriza o acompanhamento da gestante na Justiça, campo onde se realiza a presente pesquisa (ECA, Art. 258-B), propondo-se a pensar nas possibilidades de atuação que não estejam adstritas apenas à função coercitiva da Justiça.

Para além da aplicação da lei, uma proposta de intervenção

A partir dos dispositivos legais, seguindo as orientações do Conselho Nacional de Justiça, recentemente consolidadas na Resolução nº 485/2023 (CNJ, 2023a), de que os tribunais estaduais devem produzir material de divulgação sobre a entrega voluntária à adoção, vários programas sobre a temática foram desenvolvidos.[2] Em Minas Gerais, inspirados por outros tribunais que haviam iniciado anteriormente sua trajetória com a entrega voluntária à adoção, uma equipe formada pelo então juiz da Vara da Infância e Juventude de Uberlândia, assistentes sociais judiciais da comarca de Uberaba/MG, uma psicóloga e uma assistente social do Hospital da Universidade Federal do Triângulo Mineiro (UFTM) construíram o material de informação, documental e de orientação sobre a entrega voluntária à adoção no Estado (TJMG, 2020). Esse trabalho foi institucionalizado no Tribunal de Justiça de Minas Gerais como um Programa da Coordenadoria da Infância e Juventude, nomeado de Programa Entrega Legal. O objetivo do programa aparece explicitamente no site do TJMG na internet, que é evitar práticas de abandono, maus-tratos e adoções ilegais (TJMG, 2019).

Os discursos teóricos e jurídicos que se apresentam nas diversas cartilhas que tratam da temática nos tribunais de justiça do país destacam que a prática do abandono é diferente da entrega, fundamentando-se na diferenciação apresentada por Motta (2001). A autora

2 Vários tribunais de justiça editaram cartilhas e desenvolveram programas de atendimento das gestantes que buscam a entrega voluntária dos bebês à adoção. Mesmo antes da atualização legislativa, no ano de 2015, o Tribunal de Justiça de São Paulo (TJSP) publicou a Cartilha Política de Atenção à Gestante (TJSP, 2015), com orientação e discussão sobre o tema. Destacam-se também as publicações do Tribunal de Justiça de Pernambuco (Figueiredo, Nery & Teixeira, 2021), Tribunal de Justiça do Rio de Janeiro (TJRJ, 2017) e Tribunal de Justiça do Mato Grosso do Sul (TJMS, 2021).

menciona que o abandono não está adstrito a deixar de prover materialmente as condições de cuidados e sobrevivência da criança, mas também a um descaso intencional quanto à sua educação, proteção e desenvolvimento. Portanto, a autora conclui que mesmo crianças mantidas em família podem ser abandonadas pelos pais quando estes deixam de atender seus direitos e necessidades subjetivas. Motta (2001) argumenta que aplicar o termo abandono às situações em que mulheres entregam os bebês para adoção revela preconceito em relação a esta e desconsidera a complexidade dos fatores e situações que levam a mulher a abrir mão do filho. Ela propôs o uso da terminologia "entrega", o que foi acolhido pelo discurso jurídico e acadêmico a partir de então, evidenciando-se a distinção com a prática do abandono de bebês.

De tempos em tempos, somos confrontados com situações de nascituros entregues à própria sorte em calçadas, latas de lixo, caixas de sapato, dentre outros, não havendo meio eficaz de prevenção dessas situações. A entrega voluntária à adoção se mostra como tentativa do Poder Público de contornar o furo na proteção dos bebês recém-nascidos com a oferta de atendimento assentado em novo paradigma e entendimento sobre a mulher e a gestante que podem vivenciar conflitos relativos à gravidez. As medidas apresentadas a partir da atualização legislativa sobre o tema e os diversos programas de atendimento a essas gestantes desenvolvidos nos tribunais referem-se ao acolhimento dessas mulheres, com vistas a evitar esses abandonos de bebês.

O discurso jurídico ainda se assenta na proteção do bebê, contudo, só é possível atingir esse objetivo se se dispuser ao cuidado com a mulher que carrega o bebê em seu corpo. Vislumbra-se que seja possível, a partir da tentativa de proteção da criança, que se configure uma prática de cuidado e atenção à mulher. Esse cuidado com a gestante que pretende a entrega voluntária do bebê, na letra dos programas e conforme proposto pela legislação, apresenta-se marcado pelo significante acolhimento. Os sentidos dados a esse acolhimento podem ser diversos e eles vão direcionar o trabalho a ser realizado no âmbito institucional com as mulheres.

A palavra acolhimento, etimologicamente, advém de acolher, que significa estar junto e ter em consideração, amparar, abrigar (Ferreira, 2010). Propõe-se, portanto, que essa mulher que deseja entregar seu filho seja tomada de maneira que seu sofrimento possa ser considerado, acolhido. Levar em consideração o sofrimento, a dor psíquica é o que faz o psicanalista a partir de seu desejo. Sustentar a escuta psicanalítica é se dispor a escutar e ser afetado pelos elementos não verbais das experiências vividas e não simbolizadas do sujeito, reeditadas na relação transferencial. Trata-se do acolhimento da dor intrínseca ao humano em suas possíveis manifestações, em seus avessos e, ainda, sem pretensões idealizadas e curativas encontradas em propostas prescritivas e normativas da sociedade contemporânea (Fingermann & Dias, 2019).

No contexto da Saúde Pública, o acolhimento se configura como diretriz de atendimento da Política Nacional de Humanização do Ministério da Saúde, com componente ético, estético e político. Essa diretriz traz como escopo o reconhecimento da singularidade do sujeito, propõe a dignificação da vida e do viver e implica em compromisso coletivo na produção de processos de saúde (Motta, Perucchi & Filgueiras, 2014). O Ministério da Saúde assinala que o acolhimento não se refere à mera triagem ou espaço físico. Trata-se de uma atitude, uma postura ante o sujeito e o serviço que permite qualificar o atendimento:

> *O acolhimento não é um espaço ou um local, mas uma postura ética: não pressupõe hora ou profissional específico para fazê-lo, implica compartilhamento de saberes, angústias e invenções, tomando para si a responsabilidade de "abrigar e agasalhar" outrem em suas demandas,*

> *com responsabilidade e resolutividade sinalizada pelo caso em questão. Desse modo é que o diferenciamos de triagem, pois ele não se constitui como uma etapa do processo, mas como ação que deve ocorrer em todos os locais e momentos do serviço de saúde. (Ministério da Saúde, 2010, p. 19)*

Pode-se supor que os programas de atendimento às gestantes que buscam a entrega voluntária à adoção, ao se referirem ao acolhimento delas, por analogia, compartilhem desses componentes, posto que seus textos indicam a importância do reconhecimento da singularidade das experiências vividas pelas mulheres atendidas, a busca por um atendimento respeitoso em diversos níveis e o empenho em desenvolver o envolvimento e compromisso de toda a rede com a proposta do programa (TJSP, 2015; TJRJ, 2017; TJMG, 2020; TJMS, 2021).

Na sequência da leitura dos programas sobre a entrega voluntária à adoção (TJSP, 2015; TJRJ, 2017; TJMG, 2020; TJMS, 2021), para que seja empreendido o referido acolhimento, propõe-se que seja ofertada escuta qualificada e/ou escuta ativa, conceitos advindos do campo da psicologia e aplicados à saúde e à assistência social.

O que se depreende é que os programas desenvolvidos a partir da legislação atinente à entrega voluntária de bebês estão pautados em atendimento cujo ponto de estofo é a escuta, uma modalidade de ouvir e estar com o outro que promove acolhimento. Nesse sentido, a presente pesquisa se realiza com a reflexão das possibilidades de que a referida escuta opere pelos fundamentos da Psicanálise, especialmente da transferência e do sujeito do inconsciente. Acredita-se que a Psicanálise, por considerar a singularidade das experiências, a autonomia do sujeito e a importância da fala para a simbolização e a elaboração do sofrimento psíquico, esteja em condições de ser tomada como metodologia de intervenção no atendimento a essas mulheres.

2. A escuta psicanalítica nos contornos da cena jurídica

Psicanálise e Justiça, um encontro de saberes

O encontro dos saberes psicanalíticos com os saberes da área jurídica tem origem remota e pertence ao passado histórico que se atualiza e reatualiza a cada movimento da sociedade e cultura, em cada local. Na obra freudiana, essa dialética do sujeito com o campo social é apresentada inicialmente a partir do mito da horda primitiva em *Totem e tabu* (Freud, 1913/1996) e, posteriormente, em *Psicologia das massas e análise do eu* (1921/2020) e em *Mal-estar na cultura* (1930/2020). No texto de 1921, Freud afirmou que toda psicologia individual também é social. No ensino de Lacan (1950/2003), a inscrição do Nome-do-pai e entrada do sujeito no campo da linguagem marcam a necessária divisão do sujeito e submissão às leis da cultura. Essas acepções assinalam a existência da perda ou renúncia subjetiva a ser assimilada pelo sujeito e que permite a ele estar em sociedade.

> *Isto porque a realidade humana não é apenas obra da organização social, mas é uma relação subjetiva que, por estar aberta à dialética patética que tem de submeter o*

> *particular ao universal, tem seu ponto de partida numa dolorosa alienação do indivíduo em seu semelhante, e encontra seus encaminhamentos nas represálias da agressividade. (Lacan, 1950/2003, p. 128)*

A primeira lei que organiza o social, segundo Freud (1913/1996), advém da proibição do incesto. Essa lei fundante reúne seu caráter simbólico enquanto lei mediadora da subjetividade, balizadora das relações, à qual todos os sujeitos estão submetidos.

Gomes e Aguiar (2018), em artigo sobre o sujeito do Direito e o sujeito da Psicanálise, aludiram que Hans Kelsen, ao conceituar o Direito, apresentou que a norma fundante é o imperativo de obediência às leis e que todos estão submetidos aos ditames legais que regulam as relações na sociedade. Aqui as acepções sobre as leis se aproximam, mas o direito segue o curso da objetividade e universalização, enquanto a Psicanálise caminha sobre os trilhos que a levam a pensar o sujeito no um a um; mesmo que inserido no campo social, ele está submetido à lei do inconsciente, marcado pelo desejo. Portanto, a Psicanálise se propõe a pensar nas incidências subjetivas do social, das leis no humano. Lá, onde o Direito universaliza, a Psicanálise faz furo e faz emergir o singular.

Ainda de acordo com Gomes e Aguiar (2018), o sujeito a quem o direito se dirige, aplicando a ele um poder coercitivo e regulador a partir das normas, é o sujeito objetivo, observável e racional. Entretanto, ao impulso de tudo controlar, a sociedade responde com o mal-estar evidenciado em violências, crimes, conflitos familiares, naquilo que escapa às leis. Aquilo que não responde a essa moção totalizadora aponta para existência do sujeito do inconsciente, movido pelo desejo, que não se submete completamente às normas.

> *A Psicanálise convoca, desse modo, os operadores do Direito a suportar a dificuldade do sujeito diante da relação*

> *intersubjetiva, reconhecendo como esperada a dificuldade humana de conviver. Isso não implica não responder às manifestações humanas que ameaçam a civilização. A questão está na diferença entre uma resposta jurídica em que a exclusão do conflito, por meio da reprovação de condutas, se fundamenta numa concepção ideal/cristã/moderna do humano, e a função do Direito de constituição/manutenção da civilização. (Gomes & Aguiar, 2018, p. 198)*

Em relação à organização e aplicabilidade, as leis e normas jurídicas se materializam no texto jurídico e formam um corpo ficcional que é aplicado à vida na sociedade (Barros-Brisset, 2011). Cada sujeito se relaciona com esse corpo conforme sua assimilação de leis simbólicas ofertadas pela Lei, isto é, na experiência edípica na interdição incestuosa, protótipo das leis na sociedade.

> *O Complexo de Édipo – efeito do princípio lógico ternário que estrutura um sujeito – é a encenação do Princípio da Interdição do Incesto, pilar de todo o sistema de filiação no teatro psíquico. (Mougin-Lemerle, 2010, p. 8)*

No contexto jurídico, identifica-se a submissão às formalidades, aos componentes textuais desse corpo, isto é, a tudo que está prescrito juridicamente e, sobretudo, registrado na forma documental. Como assinalou Brisset (2011, p. 20), "para existir no mundo jurídico é preciso que esteja escrito". Prevalece a letra, o que pode ser escrito e lido, onde a universalização e a forma estão à serviço da resistência a que se encontre a subjetividade.

Há um paradoxo no interior da instituição Justiça, pois, ao mesmo tempo que o Direito se debruça sobre a condição humana, conduz a inerente complexidade a nomeações reducionistas, tentativas de universalização, num esforço para submeter o que há de único e singular no humano à letra da lei. Entretanto, algo escapa a essas fórmulas, insiste em se fazer presente e remete o fazer jurídico à sua incompletude. É nesse ponto que a Psicanálise se propõe a atuar junto à Justiça, no reconhecimento da experiência subjetiva e inconsciente. Brisset (2019), ao tratar da Psicanálise junto às instâncias jurídicas na criminologia, refere:

> *O direito, com sua ação, visa colocar uma certa ordem a desordem do mundo. O ato que funda a demanda jurídica é aquele que escapa a lei, à rede dos sentidos, e, para intervir sobre o sem-sentido, quando as normas não são suficientes, frequentemente os operadores jurídicos demandam uma resposta a outros campos do saber. (Brisset, 2019, p. 178)*

A autora acrescenta que:

> *A presença discreta da Psicanálise junto às redes jurídicas permite que em situações nada ortodoxas e em condições bastante especiais, a experiência analítica possa servir ao* parlêtre *e também levar as instituições a tolerar o real sem garantias ou previsão. (Brisset, 2019, p. 179)*

Na entrega voluntária à adoção, é no mais além da letra da lei e da formalidade processual que pode acontecer o encontro entre sujeitos, onde o que é da ordem do humano acontece e se manifesta nas interações psíquicas.

Freud (1906/1996) descreveu como os objetivos e método da Psicanálise podem diferir daqueles utilizados pela Justiça ao tentar encontrar a verdade ou fidedignidade de declarações, ocasião em que assinalou a distância da Psicanálise das práticas jurídicas. Nesse mesmo sentido, Lacan (1950/2003) formulou que a Psicanálise deve se recusar a entrar em ações policiais, ainda que se reconheça a importância da função punitiva do Estado para a responsabilização subjetiva. Ambos, entretanto, não se furtam de sinalizar que a Psicanálise tem algo a contribuir com o Direito. Brisset (2011) assinala que, nos diversos contextos jurídicos, a Psicanálise pode se colocar à disposição do sujeito e de seu esforço em encontrar uma solução ao seu sofrimento, o qual foi endereçado à Justiça.

> *A Psicanálise não se coloca ao lado do Direito, para subsidiar a restauração do pai ou para eximir o Direito de sua função reguladora, instituindo a marca de um sujeito sem responsabilidade. Ao contrário, cabe ao Direito cumprir sua função e o analista se oferece para acompanhar o sujeito na construção de suas soluções, podendo o sujeito se servir desse recurso nos seus embaraços com o Outro da lei e com o encontro do real sem lei. (Brisset, 2011, p. 39)*

A Psicologia Jurídica, especialidade reconhecida pelo Conselho Federal de Psicologia no ano 2000 (CFP, 2000), é campo de atuação de psicólogos junto à Justiça, seja como servidores do Judiciário ou como profissionais em clínicas e instituições em interface com a Justiça. No Judiciário, nesse *locus* privilegiado do encontro entres esses saberes, o profissional ocupante do referido cargo pode ter um percurso de formação em Psicanálise e, a partir daí, realizar sua prática profissional e intervenções. A presença do psicanalista pode promover interrogações e questionamentos que permitem emergir a lógica da subjetividade no ambiente burocrático e objetivo da Justiça. Não se trata de mera reprodução da Psicanálise clínica, sendo imprescindível considerar os efeitos institucionais em questão, bem como a inserção do sujeito no laço social

Caffé (2006), ao problematizar sobre a atuação do psicanalista na cena jurídica, enfatiza que o encontro das disciplinas Psicanálise e Direito produz um campo transferencial híbrido, não redutível a nenhuma das características desses campos exclusivamente. A autora demarca que ocorre o estabelecimento da transferência outra que engloba as moções pulsionais direcionadas à Justiça, mas também ao analista que se coloca a escutar o sujeito no contexto institucional. A prática e a teoria demonstram que o trabalho no ambiente jurídico não envolve mera aplicação de teorias e técnicas da clínica psicanalítica, devendo ser levado em conta, na apreensão do fenômeno em questão, os efeitos transferenciais tanto relativos ao analista quanto à Justiça.

Nesse sentido, Caffé (2006) elabora que, na cena jurídica, enquanto o juiz ocupa o lugar de saber, o psicanalista, por sua vez, marca o não saber. No encontro do psicanalista com o sujeito que busca a Justiça, o não saber daquele remete o sujeito ao encontro com seu desejo subjetivo, ainda que não haja garantia dos efeitos de qualquer intervenção, assim como na clínica psicanalítica. Esse caráter contingencial demarca o ponto de tensão do encontro da Psicanálise com o Direito.

Possíveis configurações para uma escuta psicanalítica

Ao se colocar a escutar as mulheres histéricas, Freud deu início à Psicanálise e desenvolveu, ao longo do tempo da clínica, esse importante aporte teórico-metodológico e terapêutico, que sustenta até a atualidade a prática psicanalítica em suas mais variadas aplicações e releituras. Para pensar o presente trabalho, mostrou-se importante buscar em Freud os fundamentos do que se entende por escuta psicanalítica para, então, ponderar a viabilidade em contexto outro que não a clínica em sentido estrito mas, especialmente, em contexto institucional.

Freud (1895/1996) inicia sua carreira em busca do tratamento das histerias de conversão, seguindo os passos dos psiquiatras Breuer e Charcot, adeptos do método hipnótico. Contudo, o autor percebia que algo do método sugestivo não era suficiente para proporcionar a cura que fosse duradoura. Ele abandonou a hipnose e desenvolveu a Psicanálise a partir da prática fundamentada na escuta das suas pacientes. Essa escuta não se tratava apenas da função orgânica exercida por todo o complexo aparelho auditivo. Trata-se da escuta dos conteúdos inconscientes do psiquismo do paciente, para a qual o analista coloca seu próprio inconsciente a trabalho.

Em *Sobre a psicoterapia*, Freud (1905/2021) refere que a origem dos sintomas neuróticos reside no conflito que se estabelece entre as moções pulsionais inconscientes e o recalque que as afasta da consciência. O autor pondera que o método catártico se desviava e apenas encobria as resistências atuantes na neurose, impedindo que se aproximasse dos conflitos inconscientes presentes nos sintomas. A Psicanálise, por sua vez, intenta suprimir o recalque para acessar o conteúdo recalcado. Nesse texto, o psicanalista cita comentários de Leonardo Da Vinci sobre a pintura e a escultura para fazer a metáfora e comparar os métodos hipnótico e analítico. Propõe que o método sugestivo está para a pintura assim como o método analítico está para a escultura. Na pintura, coloca-se algo sobre a tela branca, tinta onde antes nada existia, ao passo que, na escultura, o material bruto se encontra ali e, ao retirá-lo em camadas, é que se chega ao seu cerne, que estava ali desde o início.

Caffé (2010) compreende que a escuta analítica se configura como dispositivo teórico-metodológico central da Psicanálise. Relendo textos freudianos na primeira tópica, tais escritos apresentam, como condição da escuta psicanalítica, que se tenha em questão o contexto analítico. Esse contexto compõe-se do estabelecimento das três regras fundamentais da Psicanálise, quais sejam, a associação livre por parte do analisando, a atenção do flutuante por parte do analista e a regra da abstinência por parte também deste último. Nesse contexto analítico, emerge o fenômeno da transferência, com o qual se opera o tratamento psicanalítico. Essas três regras fundamentais indicam que o contexto analítico se processa a partir da sustentação do vazio de onde pode advir o sujeito do inconsciente.

Alonso (2011) refere que a possibilidade de uma escuta se encontra no próprio desejo do analista, e não em dispositivos rígidos de *setting*. A autora afirma que:

> *O analista não responde às solicitações concretas do analisando, mas dispõe-se a acompanhá-lo, oferecendo-lhe uma escuta com capacidade de ressonância, que possa acolher suas vivências afetivas e na qual ecoem os seus pequenos restos cheios de sentido. (Alonso, 2011, p. 119)*

O desejo do analista seria, então, o próprio *setting*, o lugar privilegiado que permite a ocorrência da escuta que se proponha analítica, configurando-se como mais um dos elementos para a composição do contexto analítico, conforme assinalado por Caffé (2010).

Figueiredo (2021) postula como condição para o processo de análise que se configure a mente do analista, mesmo que não existam as demais condições do enquadre. O autor menciona que não se trata de uma bagagem teórica extensa, mas do que ele chama de "enquadre interior" do analista, entendido como disposição a oferecer espaço e tempo de escuta e se deixar ser tocado pelo sentir nesse encontro analítico.

Nesse sentido, no campo institucional, reconhecendo-se as especificidades desse cenário, como assinalado por Freud (1912/2021b) e desenvolvido por Caffé (2010), a transferência se estabelece e permite a configuração do contexto analítico. Se, por um lado, o acompanhamento psicológico da gestante dentro do Judiciário, determinado legalmente, opera a partir do caráter normativo e determinante, a escuta que se estabelece pode se configurar a partir da construção de um espaço outro, no qual o profissional de psicologia comparece com seu desejo de analista. A escuta analítica na cena jurídica esbarra em limites impostos pela instituição, ao mesmo tempo que se propõe a sustentar o lugar onde o sujeito possa comparecer, a partir da fala e das construções linguageiras que apontam para o conteúdo inconsciente.

A escuta se faz na experiência do encontro com o sujeito e, portanto, ela pode acontecer caso haja um analista disposto a ouvir e alguém motivado a falar sobre si, mesmo que seja em ambiente institucional. Curado e Lazzarini (2019) aludem que o ato de fala do sujeito em análise permite que ele reinscreva e reescreva sua história de maneira inventiva e ficcional, e possa assumir novos ditos diante das próprias construções imaginárias. As autoras assinalam que o inconsciente é uma construção narrativa, "uma escrita que é criação" (Curado & Lazzarini, 2019, p. 39).

As narrativas que o sujeito faz sobre si e sua história são tentativas de dar contorno ao real das experiências vividas e inconscientes pela linguagem. Esta, por sua vez, em sua incapacidade de circunscrever o todo da experiência, deixa escapar os restos, surgirem as lacunas, que vão sendo preenchidas pelas construções ficcionais do sujeito (Curado & Lazzarini, 2019).

Ao propor às mulheres gestantes o espaço de escuta e permitir que elas falem de si, abrem-se as possibilidades de que, ao narrarem suas histórias, elas construam narrativas que deem sentido ao sem sentido dos impasses que lhes atravessam. A cada limite dado pelo real da experiência, do impossível de dizer, o encontro que se constitui na escuta psicanalítica permite que algo da linguagem faça margem e, na construção narrativa de cada uma, algo de novo aconteça e elaborações possam surgir.

No trabalho que se realiza por meio da escuta das gestantes no Judiciário, a escuta possível se constitui a partir da fala e da produção narrativa e singular de cada mulher diante da profissional do Judiciário que oferece a escuta psicanalítica, na tessitura que busque permitir sentidos às experiências das mulheres "com a gestação", que se dá no corpo, mas não se restringe a ele.

Não se pretende, com essa escuta, especialmente por se operar no contexto institucional, e por se pautar no referencial psicanalítico, encontrar e apresentar soluções para os impasses apresentados. Entretanto, desde Freud (1895/1996), a fala tem demonstrado seu potencial em propiciar efeitos terapêuticos. Como refere Fingermann e Dias (2019, p. 54), "a Psicanálise, à medida que acolhe a transferência e propicia a via da fala, tem efeitos terapêuticos".

3. Nas malhas da maternidade: a complexa trama do tornar-se mãe

A maternidade na Psicanálise

Pensar a maternidade é adentrar o campo para onde convergem afetos diversos, ideais e discursos sociais que se organizam na trama complexa, tomada pelo sujeito de modo singular. É um desafio conceituar e definir a maternidade, pois trata-se de uma experiência múltipla e diversa, vivenciada sobre o tecido social que lhe dá contornos e que toca afetivamente as representações subjetivas mais arcaicas. Para o fulcro desta pesquisa, mostrou-se necessário assumir qual é a compreensão sobre a maternidade que se revela como balizadora para pensar as experiências da entrega voluntária à adoção, voltando-se inicialmente às construções históricas e sociais em torno da mulher e da maternidade.

Elisabeth Badinter (1985) expôs que o amor materno, entendido como inato às mulheres, foi construído ao longo do desenvolvimento da sociedade, especialmente a partir da industrialização. Por essa razão, a autora o chama de "mito do amor materno", apontando sua estrutura de ficção. Badinter (1985) destacou como a relevância atribuída à infância e à família nuclear enquanto maneira de evitar o alto índice de mortalidade infantil na sociedade pré-industrial teve impacto no entendimento e na valorização da maternidade enquanto função da mulher. Era necessário que alguém assumisse a responsabilidade pela infância, seguindo o modelo higienista para promoção da sobrevivência das crianças. Esse lugar foi delegado às mulheres, apoiado na difusão do discurso social e religioso que enaltecia a santidade ligada à mulher e à maternidade. Portanto, as mulheres foram levadas a acreditar que ser mãe era destino e finalidade.

Conforme proposto por Badinter (1985), o "mito do amor materno" emerge em um momento histórico marcado pelo advento da modernidade, com desenvolvimento do capitalismo, fortalecimento do patriarcado e dos movimentos expansionistas da Europa, a partir da colonização. Esses fenômenos sociais compõem o Outro do inconsciente com o qual cada sujeito se relaciona em sua estruturação subjetiva. Apesar das intensas transformações sociais ocorridas desde então, efeitos desse período histórico ainda se encontram presentes no imaginário social e se oferecem às idealizações identificatórias das mulheres de nossa época. Em sua singularidade, cada mulher será atravessada pelos ideais culturais e pelas suas experiências primordiais, que comporão o pano de fundo para as experiências biológicas da gestação e seus desdobramentos.

Na Psicanálise, a abordagem da maternidade se inicia com os estudos freudianos sobre a sexualidade. Freud (1905/1996) elabora a teoria da sexualidade fundamentada, inicialmente, nos conceitos das pulsões, escolhas objetais, narcisismo e processos de identificação. Posteriormente, o autor fez acréscimos e apresentou a concepção sobre a inveja do pênis a partir da percepção infantil da menina em não ser possuidora do órgão sexual. Ambos os sexos, masculino e feminino, são interpelados pela castração e assumirão posições entre a masculinidade e feminilidade, de acordo com a não aceitação da ausência do pênis ou a aceitação da castração (Freud, 1923/1996). Ao final, Freud não se remeteu especificamente ao órgão sexual em si, mas apresentou ter ou não ter o falo como a dinâmica simbólica existente na última fase de desenvolvimento da sexualidade, a fase fálica.

Especificamente sobre a sexualidade feminina, Freud (1931/1996) identificou a existência da fase pré-edipiana, na qual a menina tem a mãe por objeto de amor e deve renunciar a esse objeto para a entrada no Édipo, voltando seu investimento libidinal ao pai. O autor vislumbrou a existência de um movimento psíquico na sexualidade feminina que não se apresenta no desenvolvimento da sexualidade masculina. Em relação à resolução do complexo de Édipo, indicou a existência de três possibilidades para a menina, quais sejam, a inibição da sexualidade com a sua repressão total ou parcial (histeria); a desvalorização do feminino e a busca por posições masculinas como forma de compensação; e, por fim, a busca pela maternidade como forma de aceitação da sexualidade feminina (Freud, 1931/1996). O autor concluiu que a sexualidade feminina permanece uma incógnita ainda não suficientemente esclarecida (Freud, 1932/1996), mantendo abertas as possibilidades de melhor compreensão do tema.

Jacques Lacan avançou no estudo do feminino ao descolar a mulher da mãe. Esta pode estar incluída naquela, de maneira que a mãe é um dos destinos possíveis do gozo da mulher, dentro das possibilidades infinitas. Portanto, o desejo feminino não se esgota na maternidade. Além disso, Lacan discorre que a mãe é não-toda, demonstrando que ela porta a falta e não o falo (Lacan, 1973/1985). O autor afirma que é justamente por essa característica que a mãe permite a subjetivação do filho.

Portanto, a teorização contemporânea sobre o feminino na Psicanálise apresenta questionamentos e reflexões sobre a equivalência mulher-mãe, bem como estudos acerca do mal-estar presente na maternidade (Clemens, 2015; Nunes, 2011; Alberti & Alvarenga, 2015). Ser mãe, enfim, não se mostra como o destino ideal de todas as mulheres e, mais do que isso, é uma experiência complexa psiquicamente (Solano-Suarez, 2015).

Schechter e Perelson (2017) argumentam que o tornar-se mãe requer um complexo mecanismo psíquico que envolve processos de separação, identificação e projeção da mulher em relação à sua própria mãe, os quais têm origem na relação primária e pré-edipiana descrita por Freud quando tratou da sexualidade feminina. A partir das experiências clínicas, as autoras observaram a relevância das representações psíquicas das relações das mulheres com suas mães para a constituição do que chamaram de espaço psíquico de concepção de um filho.

Ampliando a aproximação sobre esses processos psíquicos, Schechter e Perelson (2017) sugerem a ambivalência materna como componente importante no jogo intersubjetivo entre a mãe e a filha no vínculo primordial que se estabelece e que reverbera nas construções psíquicas posteriores da menina. É na coexistência de amor e ódio que ambas se defendem dos empuxos identificatórios que tendem a ser maciços e colocam seus narcisismos em risco de indiferenciação. Portanto, a ambivalência é importante elemento nos processos de diferenciação necessários entre mãe e filha para que cada uma possa se constituir psiquicamente, campo de onde a filha partirá para se lançar ou não na maternidade no futuro.

> *O trabalho de separação da filha em relação à mãe, como todo trabalho de separação, nunca se torna completo e passa por elaborações ao longo da vida. Assim, é possível considerar que a maternidade, para uma mulher, convoca a uma nova elaboração da separação em relação à sua mãe: uma experiência de reencontro com os primórdios, da qual poderá nascer um filho ou uma filha e também uma nova mãe. (Schechter & Perelson, 2017, p. 414)*

Soler (2005) apresenta a diferenciação essencial entre vontade de ter um filho e o desejo inconsciente de estabelecer laço com ele, aspectos nem sempre coincidentes, haja vista os casos de infertilidade de origem psicológica. Nesse sentido, Moura (2013) afirma que os filhos, biológicos ou não, precisam ser adotados subjetivamente e desejosamente por seus pais, pois é necessário ir além do discurso manifesto quando se põe a escutar as mulheres grávidas, colocando à disposição a escuta analítica que acesse pela fala, em sua cadência, entraves e lapsos, os conteúdos arcaicos ligados aos vínculos primordiais dessas mulheres com suas mães, bem como as fantasias sobre si e sobre o processo de tornar-se mãe.

As construções teóricas aqui apresentadas, portanto, colocam em questão o enunciado freudiano de que a resolução edipiana mais favorável para o feminino seria ter um filho. Esse entendimento se mostrou insuficiente para entender tantas quantas podem ser as possibilidades da mulher de lidar com o Édipo e assumir a posição subjetiva quanto ao seu sexo e à maternidade (Soler, 2005).

Não basta um corpo que pare, é preciso supor um sujeito

Desde Freud (1915/1996), com o conceito de pulsão, os determinantes do sujeito estão para além do âmbito natural, e são regidos pela ordem do desejo, marcada pelos investimentos pulsionais (Stellin et al., 2011). Solano-Suarez (2015) menciona que o laço maternal não provém do instinto repousado na constituição biológica, sendo necessário que outros recursos psíquicos sejam acionados. Ser mãe, enfim, não se mostra como destino ideal de todas as mulheres e, mais do que isso, tem-se que é uma experiência complexa psiquicamente (Solano-Suarez, 2015). Dessa forma, não basta que advenha a gestação, fenômeno biológico, para que faça surgir para a mulher a maternidade. No singular inconsciente, atravessado pelo Outro da cultura, é necessário o advento de um desejo pela maternidade e suas possibilidades de realização.

Iaconelli (2020) explicita como a reprodução humana se realiza por complexos processos de ordem biológica, social e inconsciente, e apresenta a importante diferenciação entre reprodução de corpos e reprodução de sujeitos. A primeira, ligada a uma ordem biológica, é experiência que acontece no corpo fisiológico, portador das condições de gerar um outro corpo. A reprodução de sujeitos, por sua vez, está referida ao laço social, aos discursos que banham a experiência humana e lhes dão sentido. A autora afirma que "a experiência corporal só se torna apropriada pelo sujeito a partir das relações imaginárias, simbólicas e do discurso social nas quais se constitui" (Iaconelli, 2020, p. 76).

A experiência biológica e corporal da gestação faz um apelo ao psiquismo da gestante, mas não é suficiente para garantir que aquela que pare o bebê reconheça nele um sujeito e não apenas um corpo. Apesar de acontecer na maioria das vezes, não está garantido a toda mulher que vivencia a gestação e o parto o reconhecimento daquele ser resultante como filho. Iaconelli (2020) acrescenta que, para o sujeito que experiencia a reprodução de corpos (gravidez e parto), há uma demanda psíquica a mais a ser elaborada nessa vivência que toca o real do corpo, e abarcam sintomas de estranhamento, insegurança, angústia vêm demonstrar. Nas palavras da autora,

> *Gestação, parto e aleitamento, ou seja, os atravessamentos corporais da reprodução de corpos, funcionam como oportunidades, desafios e riscos para a construção da parentalidade. Em si mesmo são opacos, incapazes de determinar o desfecho do laço entre o desejo da/do puérpera(o) e as premências do bebê. (Iaconelli, 2020, pp. 81-2)*

Alberti (2015) comenta que a maternidade está longe de qualquer suposto instinto materno e trata-se de uma experiência de castração.

A autora conclui ainda, em termos lacanianos, que o amor maternal é uma suplência à falta constitutiva do sujeito. Nesse mesmo sentido, Moura (2013) e Soler (2005) aludem que a maternidade, em vez de recobrir, confronta a mulher com a castração, com o impossível, com o real, e referem a importância da falta materna, no sentido psicanalítico, para a constituição subjetiva do filho. A mãe não-toda não significa a negação psíquica do filho, mas que há algo do desejo materno para além daquele.

Depreende-se que o tornar-se mãe está muito além do gestar e parir. Estar diante da mulher gestante não garante que emergirá um vínculo dessa mulher com o bebê. Tomar o resultado da gestação, esse corpo que nasce de outro corpo, como filho, e posicionar-se perante ele numa função materna, não são situações dadas de saída a toda mulher, nem a toda gestante. Nesse campo contingencial encontra-se a escuta das mulheres que pretendem entregar os bebês para adoção. Processos psíquicos complexos podem delinear o desfecho possível a cada uma na singular experiência de ser mulher gestante.

Para a Psicanálise, a função materna se diferencia da figura pessoal da mãe. É algo da ordem da ação subjetiva que acontece no nível do discurso, do olhar que se dirige ao outro. Trata-se do reconhecimento desse outro enquanto sujeito e das operações simbolizantes oferecidas ao bebê para permitirem que ele seja inserido na cultura em sua condição humana. Lacan (1969/2003) refere que é necessário um desejo que não seja anônimo para se configurar a função materna. Faria (2021) nomeia o acolhimento desejante desse outro pela mãe como condição psíquica materna que permitirá os primórdios da estruturação psíquica do bebê. A não inscrição psíquica do filho, de acordo com Moura (2013), pode se manifestar em situações de abandono, desamparo, privações afetivas e atos de violência simbólica ou real.

Torna-se de especial relevância para nossa aproximação do tema da entrega voluntária de bebês para a adoção como se opera ou não essa inscrição do bebê no psiquismo da gestante.

Para a constituição do vínculo da mãe com o bebê é importante que a mulher represente, no psiquismo, fantasias sobre ele, construindo o bebê imaginário que comporta identificações e projeções. Esse movimento implica supor que haverá um sujeito ali onde se processa o crescimento biológico que o corpo denuncia (Stellin et al., 2011). Nesse mesmo sentido, Tavares (2016) fez uma revisão do conceito de bebê imaginário para a gestante, compreendendo que se trata da representação psíquica que está além das experiências biológicas, e pauta-se pelos elementos psicológicos, afetivos, sociais e históricos da mulher.

> *A capacidade de representação do bebê imaginário não é automática e desencadeada pelo aspecto biológico da gestação, e sim um processo subjetivo pelo qual a futura mãe passará ao relacionar suas experiências físicas durante a gravidez àquelas psicológicas e históricas. (Tavares, 2016, p. 72)*

A autora destacou que o desenvolvimento do bebê imaginado no psiquismo da mulher não coincide com o desenvolvimento orgânico e embrionário do bebê. O que desencadeia o processo de representação do bebê imaginário é o contato da mulher consigo mesma, com seu bebê e sua história, o que resulta no reconhecimento da relevância das experiências infantis da gestante nos processos psíquicos vivenciados na gestação (Tavares, 2016). A autora destacou a importância dessa representação imaginária do bebê para o relacionamento que se dará ulterior entre a mãe e o filho. Nesse sentido, disponibilizar a escuta que permita à mulher falar sobre si apresenta-se como recurso fundamental para as possíveis representações do bebê no psiquismo materno.

A maternidade, portanto, encontra-se no campo do imprevisto e da contingência, de onde apreendemos a existência de gestantes em situação de sofrimento e conflito, as quais, muitas vezes sem oportunidade de escuta e fala sobre suas questões, podem intensificar dificuldades no trabalho psíquico relativo à maternidade. Com isso, essas mulheres apresentam diversos efeitos disruptivos, que podem ir da dificuldade na relação com o filho, depressão pós-parto, até passagens ao ato como infanticídios, abandono de bebês recém-nascidos em locais públicos ou violência contra os filhos (Teperman, Garrafa & Iaconelli, 2020).

O psiquismo e a subjetividade não estão inseridos em caixa hermética, apartados do contexto social em que se inserem. Em *O mal-estar na cultura*, Freud (1930/2020) assinala que não há psicologia que não seja também social. Há algo desse campo que marca a subjetividade, dando-lhe contornos. Nessa esteira, ao pensar o apelo imaginário e social da maternidade, bem como sua inscrição política na sociedade, convém percorrer esse caminho para refletir sobre a entrega à adoção.

A "maternalidade" atravessada pela exclusão social

A maternidade envolve complexos mecanismos psíquicos que exigem da mulher revisitar experiências subjetivas anteriores, lidar com demandas inconscientes ligadas às relações edípicas, além de vivenciar a própria experiência biológica e social da gravidez. Racamier, Sens e Carretier (1961/2019) apresentaram o neologismo "maternalidade" para nomear o conjunto de processos psíquicos vivenciados pela mulher na constituição do que se entende por maternidade. Os autores afirmam que esse momento se aproxima da experiência da adolescência, dada a intensidade das demandas pulsionais e das mudanças que acontecem na vida da mulher. Os autores destacam que um dos importantes fatores que compõem essa complexidade refere-se às condições sociais e concretas de vida. Nesse sentido, emergem reflexões sobre como as situações de exclusão social das gestantes que buscam pela entrega voluntária à adoção contribuem para os impasses na maternidade.

As pesquisas de Motta (2001), Menezes (2007), Souza (2019) e Ramos e Gonçalves (2020) indicaram que as gestantes justificam a entrega voluntária à adoção especialmente por razões socioeconômicas que podem atingir sobretudo mulheres em situações de vulnerabilidade social, racial e de gênero. Menezes (2007) identifica ainda um intenso sofrimento psíquico, expresso muitas vezes como dúvidas, ambivalência, sentimento de culpa, exposição a constrangimento social e familiar em razão da intenção da entrega do bebê à adoção. Portanto, a escuta das gestantes que pretendem entregar o filho à adoção pode permitir a apreensão dos impasses do feminino no laço social que abarca as experiências de exclusão pautadas em raça, gênero e classe. Stellin et al. (2011) ponderaram que preocupações com as mudanças no trabalho, relações conjugais e sexualidade podem interferir nas condições da mãe de fantasiar sobre o bebê e supor ali um sujeito, podendo repercutir posteriormente nos cuidados ofertados.

Leão et al. (2014) realizaram um estudo documental sobre mulheres que entregam seus filhos para adoção e, na maioria dos trabalhos analisados, as razões alegadas pelas gestantes ou puérperas para a entrega envolviam questões relativas à falta de condições materiais, abandono familiar, precariedade de condições de vida e trabalho traduzidas como vulnerabilidade.

Rosa (2020) alude que a parentalidade, que comporta os exercícios das funções materna e paterna perante as novas gerações, encontra-se na junção do social e do subjetivo, no limiar do público e, portanto, político, e da esfera privada, no campo da família. Refere que o nascimento de uma criança é evento do real que se reveste da inscrição como acontecimento social, a partir da qual são processadas as operações de nomeação, imprescindíveis à constituição subjetiva e à assunção das funções materna e paterna no laço social. Portanto, há algo da transmissão civilizatória da cultura entre as gerações, mas também da continuidade das relações de poder e submissão em dada sociedade.

Com base no caráter sociopolítico da parentalidade, emergem as questões dessa natureza afeitas ao fenômeno da entrega voluntária à adoção. Ao analisar o percurso histórico das idealizações relativas à maternidade, arraigadas fortemente ao discurso social, e que tantas mulheres vivem processos de exclusão social e econômica, pode-se pensar que sobre elas incidem complexas forças sociopolíticas potencialmente geradoras de sofrimento. Esse tipo de sofrimento, nomeado por Rosa (2022) de sofrimento sociopolítico, promove o silenciamento do sujeito e o remete ao que a autora define como desamparo discursivo.

O desamparo discursivo, segundo Rosa (2022), refere-se à condição forjada no próprio laço social, quando não é reconhecida a historicidade e as relações de poder envolvidas nos processos de exclusão e sofrimento de alguns sujeitos em razão de condições de classe, gênero, raça e outros. Ao contrário, remete-os à adesão a significantes que emudecem as possibilidades de enunciação do sujeito sobre sua própria história, dores e resistências.

Pensando na maternidade e no discurso por meio do qual essa condição se apresenta na sociedade, a mulher que intenta desistir de ser mãe de um bebê gestado por ela acaba reduzida ao significante da *mãe-desnaturada* ou da *mulher-má*, silenciando a pluralidade de questões envolvidas naquela experiência e a subjetividade de cada uma, em sua condição histórica social, pessoal e desejante. Há um apagamento dos impasses que envolvem a maternidade e seu exercício, agravados ainda mais quando se acrescentam as condições de exclusão social das mulheres.

O silenciamento decorrente do desamparo discursivo desencadeia a condição traumática desse sofrimento e, ao engendrar-se em si mesmo, retira a possibilidade de que as experiências possam ser compartilhadas e os sujeitos possam se enlaçar ao outro social. É, portanto, a escuta dessa condição traumática e não sintomática que a autora propõe que se exerça na posição clínica e política do analista frente ao desamparo discursivo.

Esse contexto permite delinear que as mulheres que buscam a entrega dos bebês para adoção podem estar em desamparo discursivo e que a escuta desses casos pretende que se possa acessar a dimensão do traumático subjetivo engendrado no esteio social. Promover a escuta, portanto, é permitir que, a partir da fala, as mulheres possam reconstruir sua historicidade e também as resistências possíveis aos processos de exclusão social e silenciamentos. Segundo Rosa (2022),

> *a direção do trabalho baseia-se também em transformar o emudecimento traumático em experiência compartilhada e em tornar possível a construção da posição de testemunha, transmissor da cultura ... Desse modo, o sujeito pode localizar-se e dar sentido à sua experiência de dor, articulando um apelo que o retire do silenciamento e o relance no campo político. (pp. 7-8)*

A autora enuncia que, do lado do analista, pode operar uma resistência na escuta desse sofrimento, caso as condições sociais e subjetivas do analista estejam alinhadas com forças de exclusão e geradoras do sofrimento do sujeito. Rosa (2022) ainda refere que pode haver, no analista, um conflito de lealdade a partir de sua posição no laço social (Rosa, 2022).

No campo em questão, a responsabilidade ética do analista está em se despir de seu lugar na classe social para escutar as mulheres sem repetir as forças de exclusão existentes na posição que ocupa e, também, considerar como lhe incidem subjetivamente os ideais da maternidade e a naturalização da mulher e mãe. Como afirma Rosa (2022), "a responsabilidade do psicanalista reside na necessidade e capacidade de ouvir a grande História que acompanha a história do sujeito" (p. 7).

Num país como o Brasil, um dos caminhos para se pensar a exclusão social é tomar a perspectiva interseccional, o que significa considerar aspectos de gênero, classe social e raça como mutuamente interdependentes dentro das relações sociais (Collins & Bilge, 2021). É fundamental tomar o sujeito não apenas em seu aspecto individual, mas inserido no laço social, em relações discursivas que permeiam a cultura e fornecem os ideais identificatórios para a constituição do ser. Especificamente nessa pesquisa, a análise dos casos conduziu a reflexões sobre a questão racial suscitada na escuta de duas das participantes.

O racismo, como conceituado por Almeida (2021), é sempre estrutural e encontra-se presente de maneira profunda na sociedade onde historicamente houve processos produtivos de exploração determinados por raça. Segundo o autor, "o racismo fornece o sentido, a lógica e a tecnologia para a reprodução das formas de desigualdade e violência que moldam a vida social contemporânea" (Almeida, 2021, p. 21). Uma das formas mais violentas de exclusão social reside no racismo, que desqualifica, criminaliza, reduz sujeitos a dejetos descartáveis, aos quais dirige ódio e desejo de aniquilação (Rosa, Binkowski & Souza, 2019).

Racismo é a forma de dar continuidade às relações hierarquizadas na sociedade por manter a estrutura de dominação e subordinação no laço social. "Vale destacar que a reprodução discursiva do racismo, entre outros métodos, mantém o regime de exploração de classes e permite a manutenção da escravização por outros meios" (Rosa & Souza, 2021, p. 449).

Apesar da libertação das pessoas escravizadas ao final do século XIX ter lhes restituído a liberdade, não lhes restituiu a possibilidade de vivenciarem condições dignas de vida (Paiva et al., 2021). A situação se mantém até a contemporaneidade, posto que a população negra[1] brasileira, que reúne mais de 51% dos cidadãos, compõe mais de 70% da população situada abaixo da linha da pobreza[2] do país (2022). Esses dados dão a dimensão da estruturação social e definição histórica marcada pela raça, onde alguns são os detentores dos bens, serviços e modos de produção e saber, enquanto outros estão fora desse circuito.

Outros indicadores sociais como a violência sexual apresentam um recorte racial e de gênero relevante. O Atlas da Violência do Instituto de Pesquisa Econômica Aplicada do decênio de 2007 a 2017 (IPEA, 2019) revela que as mulheres negras sofrem mais violências do que as mulheres não negras, inclusive as violências letais, e, especificamente quanto à violência sexual, esse índice também é maior para as mulheres negras. O documento aponta o quanto esses dados indicam a desigualdade racial como importante fator do fenômeno da violência e, ainda, a dificuldade do Estado de garantir a universalização das políticas públicas (IPEA, 2019).

Ramos e Gonçalves (2020) problematizaram a "voluntariedade" das entregas de bebês em adoção e elucidam que, historicamente, mulheres negras foram privadas de acesso a políticas sociais e econômicas, compondo a parcela da população brasileira marginalizada. Ao analisar os processos de entrega voluntária à adoção em uma comarca do interior de São Paulo, as autoras identificaram a maioria de mulheres negras ou pardas no recorte estudado. As autoras ponderaram se isso não seria efeito de uma sociedade de exclusão e racismo que

---

1 Para as análises realizadas neste trabalho, a expressão "população negra" se refere aos dados estatísticos do IBGE referentes a pardos e pretos juntos. Optou-se por usar a definição apresentada no Decreto n. 12.288/2010, em seu item IV, do parágrafo único, do Art. 1º:

"IV - população negra: o conjunto de pessoas que se autodeclaram pretas e pardas, conforme o quesito cor ou raça usado pela Fundação Instituto Brasileiro de Geografia e Estatística (IGE), ou que adotam autodefinição análoga" (Brasil, 2010).

2 A linha de pobreza é definida pelo Banco Mundial (World Bank) como pessoas com rendimento abaixo de U$ 5,50 diários (IBGE, 2022).

perdura, deixando pessoas negras à margem das condições dignas de sobrevivência. Em acréscimo, elas exprimem que é importante que as políticas sociais e jurídicas relativas à entrega voluntária à adoção incluam os recortes de classe e de raça.[3]

Trazer a lume a leitura racial e social para pensar modos de subjetivação mostra-se imprescindível ao se propor uma clínica social e política, comprometida com a contextualização social e cultural do sujeito.

3 Na Vara da Infância e Juventude na qual a pesquisadora trabalha, os dados sobre raça não estão ainda sistematizados. A equipe de apoio da Vara está organizando um documento que passará a coletar esses dados.

4. Metodologia da pesquisa

A pesquisa em Psicanálise

De acordo com Campos (2021), a pesquisa em Psicanálise, definida como aquela que instrumentaliza a escuta psicanalítica a partir da transferência, configura-se tanto como intervenção quanto construção teórica e não está adstrita ao contexto clínico. Incluída nesse delineamento metodológico, insere-se a investigação de fenômenos da cultura em sua dimensão sociopolítica e a aplicação do método e da escuta psicanalítica em intervenções institucionais, que caracterizam a Psicanálise em extensão, seguindo terminologia lacaniana, e a Psicanálise aplicada, conforme apresentado pelo criador da Psicanálise.

Para apreensão do fenômeno em questão, esse estudo amparou-se na abordagem que privilegia o caráter de extensão da Psicanálise e sua aplicação em contexto institucional. A temática pesquisada está apresentada por meio da discussão de três casos, dentre os sete casos atendidos. Trata-se de três mulheres gestantes que foram encaminhadas à Vara da Infância e Juventude porque tinham a intenção de entregar o bebê para a adoção.

A escolha dos casos que compuseram este estudo se fez a partir das questões que suscitaram o desejo de refletir sobre o tema e dos efeitos de inquietações que insistiram em emergir, mesmo após concluído o acompanhamento das gestantes, convocando à investigação. Foram as experiências de solidão, desamparo e impotência apresentadas pelas participantes que, pelos efeitos transferenciais, conduziram à escolha das três, especialmente para a investigação proposta. Portanto, as pesquisadoras, encontram-se implicadas na pesquisa, posto que também são atravessadas transferencialmente pelo tema em questão e pelas reverberações das experiências que acontecem ao longo do percurso (Iribarry, 2003). Dessa forma, o trabalho que se apresenta contempla as ressonâncias inconscientes que os casos em investigação provocaram nas autoras enquanto pesquisadoras e sujeitos da pesquisa em Psicanálise.

A chegada de gestantes ao Programa e os primeiros passos da pesquisa

A entrada das gestantes no Programa Entrega Legal do TJMG se processa com a apresentação das mulheres à Vara da Infância e Juventude, no Fórum. Para chegarem até lá, elas podem ser encaminhadas pelos serviços da atenção básica, hospitais ou procurarem espontaneamente a Vara. Ao se apresentarem no Fórum, as gestantes são acolhidas pela equipe de Comissários da Infância e Juventude. Nesse primeiro momento, elas informam os dados pessoais e, de maneira superficial e objetiva, as razões que as levaram a manifestar o desejo de entregar os bebês à adoção. Coletadas essas informações e fornecidas as orientações básicas sobre o Programa, é autuado um processo judicial, imediatamente remetido aos Setores de Psicologia e Serviço Social, para dar início aos acompanhamentos dos setores.

Os relatos apresentados nos primeiros contatos com a Vara da Infância, registrados nos documentos iniciais dos autos, não abrangem a complexidade dos sentimentos e situações de vida dessas gestantes. É especialmente depois, durante o acompanhamento realizado pelos profissionais da equipe psicossocial, que, ao escutarem as histórias de vida delas, as narrativas subjetivas com suas construções possíveis, tem-se acesso aos conteúdos reveladores das construções imaginárias relativas à gestação e as escolhas das mulheres.

As entrevistas iniciais nos setores técnicos podem ocorrer de maneira interprofissional ou apenas com a presença do psicólogo ou do assistente social, que alternam suas abordagens de acordo com seus respectivos agendamentos, critérios técnicos definidos em cada caso ou mesmo em razão da disponibilidade da gestante. Contudo, ambos os profissionais atuam nos casos, atendendo ao que está previsto no § 1º do Art. 19 do ECA (Brasil, 1990).

Especificamente neste estudo, ao longo dos atendimentos psicológicos realizados com as gestantes, elas foram convidadas a falar sobre suas histórias de vida, suas relações familiares atuais e anteriores, permitindo-se que escolhessem livremente os percursos de suas narrativas. Em algumas entrevistas, particularmente aquelas que aconteceram em conjunto com o profissional de Serviço Social, algumas perguntas foram semidirigidas de maneira a obter maiores esclarecimentos de dados relevantes para encaminhamentos e orientações sobre direitos e benefícios sociais, ampliação de acesso a serviços de saúde e articulação com a rede, conforme as demandas.

As participantes da presente pesquisa foram atendidas por uma das autoras em momentos distintos, no período compreendido entre abril de 2019 e setembro de 2020. Somente após concluídos todos os acompanhamentos, os passos metodológicos da pesquisa foram delineados, iniciando-se pela escolha dos casos a serem trabalhados. Na sequência, foi solicitado à Vara da Infância e Juventude o desarquivamento dos autos[1] dos processos judiciais referentes aos três casos selecionados.

Após aprovação da pesquisa pelo Comitê de Ética em Pesquisa (CAAE: 52683221.8.0000.5152), a fim de obter autorização das participantes para a sua realização, as mulheres foram contatadas pelo telefone e foi agendado um encontro presencial com cada uma delas, conforme as respectivas sugestões e disponibilidades para horário e local. Nos encontros, foram apresentados os esclarecimentos e informações sobre a pesquisa, deixando-as à vontade para decidirem se concordavam ou não com a consulta aos processos e utilização dos dados dos atendimentos para o estudo. As três concordaram e assinaram um termo de compromisso atestando que compreenderam os esclarecimentos e que poderiam desistir a qualquer momento, conforme orientações éticas de pesquisas com seres humanos.

Os encontros com as mulheres participantes com a finalidade de apresentação dos objetivos e autorização da pesquisa, ocorridos vários meses após encerrado o acompanhamento formal, tornaram-se mais um campo a ser analisado, pois permitiram o contato com elas em um momento *a posteriori*, quando puderam falar da experiência vivida anteriormente.

A composição das informações: registros, diário clínico e autos

Inicialmente, foi realizado um retorno aos registros documentais dos atendimentos psicológicos realizados com as gestantes que compõem a pesquisa. Esses registros são produções pessoais, anotações

1 Na terminologia jurídica, a palavra *autos* se refere ao meio material em que se desenvolve um processo judicial. Este, por sua vez, se refere ao conjunto de procedimentos jurídicos que se realizam perante a Justiça. Os autos, portanto, se referem aos documentos escritos e físicos gerados no curso do processo judicial.

tomadas durante e após os atendimentos e que ficam guardados no armário pessoal e são acessados apenas por uma das autoras. Ao retornar a esses documentos, foram acessadas as reverberações afetivas da escuta que foi anteriormente realizada. Essas ressonâncias permitiram a redação do diário clínico construído a partir de um retorno ao trabalho clínico anteriormente desenvolvido. Configura-se como um documento narrativo memorialístico, pois se dá *a posteriori*, utilizando-se do recurso de rememoração da escuta que se empreendeu, suas reverberações e as construções linguageiras possíveis na escrita (Rocha & Guerra, 2021).

Em um segundo momento, a pesquisa voltou-se para a análise documental dos respectivos processos, os quais foram consultados e analisados. Essa análise documental foi realizada seguindo as prerrogativas do método psicanalítico de se reconhecer não apenas os aspectos objetivos constantes no documento, mas sobretudo o discurso que se compõe e os efeitos deste na pesquisadora, apreendidos por meio de uma leitura flutuante, que "busca as expressões dos fenômenos psicanalíticos (condensações, deslocamentos, supressões, lapsos) como parâmetro para uma leitura interpretativa do que é explicitamente colocado na ordem das razões de um texto" (Campos, 2021, p. 498).

Os três processos tramitaram em meio físico, isto é, em uma pasta de capa de cor amarela, onde as folhas documentais foram sendo inseridas uma a uma, seguindo a lógica burocrática na Justiça. Eles ocorreram antes da implantação do Processo Judicial Eletrônico (PJe) na Vara da Infância (o que levou os processos judiciais a tramitarem em meio eletrônico). Portanto, quando foram desarquivados, as respectivas pastas foram levadas do arquivo para a secretaria da Vara da Infância, de onde foram retomados e acessados. Aquelas pastas com as capas amassadas e rasgadas em alguns pontos, com fita adesiva em suas dobraduras, demonstravam que passaram por muitas mãos. Não eram pastas volumosas, sendo compostas por poucas folhas, mas que carregavam o peso das vidas das mulheres e seus bebês.

Nessas páginas, contudo, apareciam mais os relatos objetivos e as determinações judiciais sobre o andamento do processo do que a intensidade das vivências. Os conteúdos afetivos, apresentados durante os atendimentos, nem sempre apareciam nos relatórios psicológicos ou sociais que compunham os autos. Na demanda burocrática e objetiva da Justiça, os relatórios se limitavam a apresentar suscintamente a evolução dos atendimentos. Além do contexto judicial, há também que se considerar a orientação ética do Conselho Federal de Psicologia (CFP, 2005) em apresentar nesses relatórios apenas o que pode ser necessário ao juiz.

O novo contato com os autos do processo, objeto físico onde se materializam os discursos sobre a temática, em uma releitura imersiva do conteúdo, levantou reflexões sobre o quanto a própria Justiça pode ser instrumento de silenciamento das vozes dos sujeitos em razão de sua própria natureza. Diante disso, a presença atenta de uma escuta da dimensão emocional e subjetiva daquela que procura a instituição adquire importância fundamental, mesmo que limitada pelos contornos da burocracia.

Aos poucos, desbravando o material, foram se revelando as três mulheres da pesquisa, antes mulheres dos processos; as mulheres gestantes de histórias e sofrimentos, que são apresentadas a seguir.

Apresentação dos casos

As três participantes desta pesquisa são apresentadas em suas singularidades, que juntas, lado a lado, vão se combinando, formando o texto analisado e pensado teoricamente. Essa composição remete a uma trança,[2] penteado construído pelo entrelaçamento de três partes

2 Após a leitura da obra de Laetitia Colombani (2018), *A Trança*, que narra a história de três mulheres em continentes e culturas distintas, passei a pensar nas análises das três participantes dessa pesquisa também como uma trança. Ao mesmo tempo que são tomadas em suas singularidades, suas histórias, angústias, anseios,

de fios, que se unem delicadamente, um a um, ora por cima, ora por baixo. O resultado é um só, ainda que formado pelas três, aludindo-se ao que é possível apreender do fenômeno da entrega voluntária à adoção.

A inspiração para a escolha dos nomes fictícios das participantes veio da mitologia grega, que, por seu caráter universal e simbólico, pode representar cada uma das mulheres. Os mitos se mostram importantes recursos para ilustrar e pensar sobre as representações do inconsciente na subjetividade e na cultura, segundo assinalado por Freud (1913/1996) e usado por ele em diversos momentos das suas elaborações teóricas. O autor comenta ainda que o psicanalista deve conhecer a mitologia e as outras áreas do conhecimento, sem as quais não haverá muitos frutos do conhecimento analítico. Seguindo as trilhas deixadas por Freud e outros psicanalistas, selecionarmos os nomes Medusa, Dafne e Rhea para as participantes da pesquisa.

Medusa e o desmentido

No mito de Medusa (Matheus, 2015), ela era muito próxima a Atena e foi estuprada por Poseidon. Contudo, Atena não acreditou na ocorrência da violência e transformou os cabelos de Medusa em serpentes, lançando a maldição de que quem olhasse para ela se transformaria em pedra. Esse mito, por vezes evocado apenas a partir da maldição e da imagem da mulher com cabeça de serpente, isto é, de uma figura terrificante, mantém silenciada a violência e representa o desmentido por parte de Atena. Assim como a deusa mitológica, uma das participantes da pesquisa foi vítima de estupro e enfrentou, além dos sofrimentos da experiência da violência em si, o descrédito familiar e social. A Medusa dessa pesquisa vivenciou também uma gestação fruto do estupro. Ela era uma mulher jovem, de 20 anos, negra, um

envolvem-se de maneira a me permitir pensar no fenômeno da entrega voluntária à adoção na perspectiva da escuta psicanalítica.

corpo muito magro de onde despontava uma barriga para a qual ela evitava olhar. Moradora de um assentamento e marcada pela pobreza extrema e pelo desamparo, a miserabilidade das condições de vida narradas em sua fala era tamanha que em alguns momentos fiquei em dúvida se eram construções imaginárias ou dados reais de realidade da vida. Ao nomear uma das participantes de Medusa, escolhemos representar essa mulher que sofre em seu corpo violências múltiplas e que, no discurso social, por vezes, surge como algoz e não como vítima ou é silenciada.

Dafne e o relacionamento abusivo

A segunda participante recebeu o nome Dafne, por quem, na mitologia, o deus Apolo foi apaixonado. Dafne não correspondia a esse amor porque havia recebido de Eros uma flecha de chumbo no coração, a qual acabava com qualquer afeto em quem fosse por ela atingido. Apolo a perseguia tentando conquistá-la, enquanto ela fugia dele (Wilkinson, 2018). A Dafne desta pesquisa era uma mulher jovem, de 24 anos, com cabelos compridos que emolduravam um rosto de feições bem demarcadas e um corpo magro, compondo uma mulher bonita. Pairava sobre ela um mistério sobre sua vida, sobre seu trabalho e relações amorosas e familiares. Sua postura era de uma mulher forte, que se dispunha a enfrentar com coragem as dificuldades da vida. Ela era mãe de dois filhos, um de 5 anos e uma menina de 2 anos, advindos de relacionamentos distintos. Era a responsável principal pelas crianças e, quando a caçula foi agredida pelo então companheiro, imediatamente Dafne rompeu o relacionamento, em nome da proteção da filha. Naquele momento, Dafne não sabia, mas se encontrava grávida. Ela informou o genitor da criança sobre a gravidez e sobre sua intenção de não assumir o bebê e entregá-lo perante a Justiça. Durante o acompanhamento realizado, o pai perseguiu Dafne e cometeu constantes agressões verbais, xingamentos e a pressionou, ora para reatar o relacionamento, ora para que ela assumisse a criança.

Rhea e a proteção perante o trágico

Por último, a terceira participante recebeu o nome Rhea, deusa mitológica casada com Cronos, o qual engolia os filhos na tentativa de evitar que se realizasse a profecia de que ele seria destronado por um deles. Ocorre que Rhea decidiu que Cronos não engoliria o sexto filho, então ela escondeu dele o filho Zeus e o entregou a uma família na terra. Rhea se apresenta como uma mãe que tenta salvar o filho, confiando-o aos cuidados de outros (Wilkinson, 2018). A participante assim nomeada trouxe em seu discurso o desejo de proteger o filho das agruras e sofrimentos de uma vida de privação e pobreza, pensando garantir ao bebê um destino ideal. Rhea tinha 22 anos ao chegar ao Programa Entrega Legal e era uma jovem negra, que trabalhava como manicure e era mãe de uma menina de 2 anos. Suas feições tristes recobriam a beleza de seu rosto, trazendo a ela alguns anos a mais. Ela se apresentava a partir da sua falência em corresponder às expectativas sociais, sofrendo por estar na segunda gestação "solteira" e por sua condição de pobreza material.

Discussão dos casos

Os itens de análise que compõem a discussão dos casos foram elencados a partir do material proposto em diálogo com a teoria e edificaram o corpo teórico-clínico da pesquisa. A discussão dos casos partiu das inquietações de uma das autoras em contato com as informações expressas em lacunas, nos questionamentos das mulheres, nos pontos de apreensão que surgiram nas narrativas apresentadas por elas, bem como nas reverberações transferenciais dos atendimentos e tensionamentos construídos no grupo de supervisão da pesquisa. Cada um dos itens da discussão emergiu por se tratar de conteúdo que fez questão, insistiu, incomodou, repetiu e instigou à investigação analítica. Assim, a pesquisa seguiu o caminho delineado pelos fios soltos, restos e fragmentos que permitem acesso ao recalcado, ao que não está dito, na acepção assinalada por Freud (1937/1996) sobre o método psicanalítico enquanto um trabalho semelhante ao arqueológico.

Para o advento de uma mãe não é suficiente a ocorrência da gestação, evento fisiológico que acontece no corpo. O corpo, para a Psicanálise, é algo distinto de um organismo puramente biológico, é um corpo pulsional (Catão, 2015), e é nesse palco que se desenrola a cena da gravidez e da escuta dessas mulheres. Algo que acontece nesse corpo pode ou não fazer demanda ao sujeito que o habita. Para as gestantes, as transformações corporais demandam que o psiquismo produza imaginariamente algo que dê conta desse real. Na singularidade de cada caso, de cada experiência, foi possível escutar e acessar como cada mulher conseguiu se posicionar psiquicamente durante o tempo da gravidez.

Para pensar essa trajetória dentro do Judiciário, nesse campo da entrega voluntária à adoção, apresento a discussão dos casos tomando por inspiração os tempos lógicos propostos por Lacan (1945/1998): o instante de ver, o tempo de compreender e o momento de concluir. A opção de separar a discussão nesses três tempos se justifica para reforçar o caráter eminentemente contingencial da escuta que se realiza com as gestantes, aspecto que está evidenciado no ensino lacaniano sobre os tempos lógicos. Além disso, trata-se de uma escuta que contempla escansões e suspensões e que, ao final, propõe permitir que a gestante chegue a uma conclusão-decisão. Não se trata, pois, de uma análise lacaniana dos tempos da entrega voluntária em sentido estrito, mas, sim, de dispor as temáticas da discussão dos casos usando-se como argumento metafórico os três tempos propostos pelo psicanalista francês.

O instante de ver remete tanto a reflexões sobre a abordagem e a sistematização do atendimento às gestantes pela Justiça quanto à chegada das mulheres ao acompanhamento e narrativas iniciais sobre a gravidez. O momento de compreender referiu-se às análises sobre as gestantes e suas próprias mães, bem como às possibilidades de suposição de um bebê. Ainda nesse item, empreendeu-se análise das condições de exclusão social das participantes e seus impasses com a maternidade. Por último, no momento de concluir, apresentei acontecimentos, reverberações e desfechos relativos ao final das gestações, especialmente ao parto e nascimento, e ainda, as ponderações e análises sobre a escuta psicanalítica empreendida. Esclareço que as citações inseridas se referem às falas literais das participantes, colhidas nos registros de atendimentos.

Instante de ver

O encontro com a temática no Judiciário

No âmbito institucional, percebe-se que o Poder Judiciário recebe e acolhe a temática referente à entrega voluntária à adoção, o que se confirma pelas publicações de diversas cartilhas de Programas dos Tribunais Estaduais do país acerca do tema. Além disso, o Conselho Nacional de Justiça publicou dois importantes instrumentos para aplicação da lei apenas no primeiro semestre de 2023, a Resolução nº 485/23 (CNJ, 2023a) e o Manual sobre a entrega voluntária à adoção (CNJ, 2023b). Ao refletir sobre os caminhos que levaram o Poder Judiciário a dar o primeiro passo para receber as gestantes e acolhê-las e o amplo debate e desenvolvimento de normas jurídicas e manuais sobre a temática, busquei pensar se estava diante de uma nova forma da Justiça atuar no laço social; mas também em que medida se tratava de uma repetição do exercício de controle do Estado sobre os corpos, sobre a vida e a morte, numa referência ao conceito de *biopoder* de Foucault, que, segundo Furtado e Camilo (2016, p. 35), refere-se: "às práticas, surgidas no ocidente moderno, voltadas à gestão e regulação dos processos vitais humanos. O poder sobre a vida instala-se como modo de administrar populações, levando em conta sua realidade biológica fundamental".

No Brasil, o poder de tutela do Estado neste tema tem início desde que o acolhimento dos enjeitados deixou de ficar a cargo das instituições religiosas e passou a ser tutelado pela Justiça, dando início ao período menorista. As antigas Casas de Misericórdia, a partir de prerrogativas religiosas e caritativas, acolhiam necessitados e doentes no Brasil Colônia e Império, incluindo-se os recém-nascidos deixados nas Rodas dos Expostos. No período Republicano, aumentou a ingerência do Estado na tutela da infância, especialmente a infância em situação de vulnerabilidade (Arantes, 2020).

Tanto naquele tempo quanto na contemporaneidade, foi em nome da proteção dos bebês que podiam vir a ser abandonados por suas mães que a sociedade se organizou para recebê-los. Foi em busca da possibilidade de protegê-los, mesmo que nem sempre tivesse sido possível poupá-los da morte, conforme se constatou com o número elevado de falecimentos nas casas de acolhimento, segundo mencionado em Arantes (2020). Nesse sentido, é possível entender que, em certa medida, estamos no campo de uma repetição, de algo que insiste, com a Justiça enquanto Poder do Estado, tutelando e exercendo essa mediação e controle sobre a vida subjetiva das mulheres e seus bebês. Na atualidade, de maneira diversa, contudo, há uma previsão de cuidado à mulher, mantendo-se ainda o objetivo precípuo da proteção do bebê.

Considero que a análise da temática explicita a violência simbólica e estrutural dirigida às mulheres, especialmente aquelas em exclusão social e vítimas de violência, as quais não são reconhecidas em suas condições de sujeito e em condição de escolha e decisão. Portanto, é essencial levar em conta que a opressão do patriarcado, a exclusão social e a pobreza resultam na imposição social da maternidade que pode relegar mulheres ao silenciamento de si.

Independentemente das condições objetivas de vida, Solano-Suárez (2015) discorre sobre como o tornar-se mãe se apresenta como imperativo social, banhado no discurso capitalista que eleva o filho ao valor que garante ao sujeito um lugar social. Além disso, as exigências performáticas de como ser mãe inflam e ditam os ideais da maternidade em nosso tempo. Escapar dessas forças discursivas e vivenciar a experiência relativa à maternidade fora dessas prescrições pode conduzir a mulher a uma catástrofe subjetiva. Acrescenta que a angústia e a culpa advindas, assim como a impossibilidade de falar sobre esses sentimentos, mesmo com os mais próximos, se tornam campo fértil para autodepreciação crescente, imensa fadiga e estado de aniquilamento que aproxima essas mulheres da morte, tanto de si quanto do filho.

Especificamente nos casos analisados nesta pesquisa, soma-se a tais questões inerentes ao contexto da maternidade na cultura a problemática subjetiva vivenciada pelas participantes acerca do não desejo de maternidade que, por se mostrar contrário ao discurso social sobre a maternidade, não encontra receptividade. As três participantes chegaram ao Programa vivenciando um sofrimento solitário em relação à gravidez em curso, por não compartilharem suas dores com terceiros e não se sentirem à vontade para expor a intenção da entrega ou mesmo seus conflitos sobre a experiência gestacional.

Rhea chegou ao Programa com cerca de sete meses de gestação, tendo acabado de iniciar o pré-natal. Ela explicou que não havia feito nenhuma consulta anteriormente porque escondia a gravidez e temia julgamentos das pessoas por ser mãe solteira novamente e pela intenção da entrega à adoção. Medusa, que, além da violência sexual vivenciada, enfrentava julgamentos dos familiares que desacreditavam na vitimização, expressou ansiedade e medo de como seria atendida pelos profissionais de saúde na ocasião do nascimento do bebê. Dafne insistia em demarcar que a busca pela entrega do bebê perante a Justiça era a *coisa certa*, buscando legitimar e ter reconhecido para si e para os outros uma atitude que, no imaginário social, é carregada de significação pejorativa.

Esses primeiros contatos com as gestantes evidenciaram o receio e o medo delas de sofrerem com preconceitos e julgamentos sociais frente à intenção da entrega dos bebês à adoção e se configuraram, também, importante possibilidade de abertura para a oferta de cuidado pautado em uma escuta sensível. Ao serem acolhidas, foi-lhes permitido entrarem em contato com suas dores e falarem sobre elas.

O receio apresentado pelas mulheres não se mostra sem fundamento na realidade fática. Ferreira-Teixeira, Visintin e Vaisberg (2019) e Martins et al. (2015) encontraram em suas pesquisas informações de que os profissionais de saúde revelam dificuldades em lidar com os casos em que a genitora decide doar o seu bebê. Prevalece o ideal social da maternidade que pode encobrir e silenciar o mal-estar vivenciado por mães e, ainda, a eventual recusa relativa à vivência da maternidade.

Os ideais da maternidade são fruto de construções simbólicas e culturais, construídas historicamente e fundamentadas nas forças econômicas e de poder. Assim, proponho pensar sobre o mal-estar suscitado quando uma mulher, especialmente enquanto gestante, anuncia não desejar vivenciar a maternidade. Esse anúncio pode fazer emergir nos profissionais de saúde e outros agentes sociais um certo horror: estranhamento que remete ao *infamiliar* descrito por Freud (1919/2020). Esse horror está ligado a um estranhamento familiar, reconhecimento e não reconhecimento de algo que, apesar de estar presente, é condenado a ser recalcado e remetido ao inconsciente. O processo de recalque é feito em relação ao que não é aceito a nível consciente, nem assimilado culturalmente. Parece que o que é lançado ao recalque está relacionado às possibilidades femininas de poder exercer suas escolhas não submetidas às ordens de caráter patriarcal e biologizante. Em razão da força simbólica da maternidade enquanto destino irrefutável da mulher, conjectura-se que a sua negativa gera esse estranhamento.

É importante pontuar que a chegada da gestante ao Programa do Judiciário não implica na entrega do bebê ao final do processo. Trata-se de um tempo de indefinição, onde as certezas estão em suspenso e a dúvida é companheira. Assim como no instante de ver proposto por Lacan (1945/1998), não se pode identificar o final a partir do começo. O instante de ver é um convite à fala, ao "fale-me mais sobre isso que te aflige". Nesse sentido, pontuo que o trabalho do profissional que acompanha as gestantes envolve empreender uma escuta que se sustenta na fala e no contingencial, para a qual a Psicanálise oferece um arcabouço que auxilia a pensar e intervir em cada caso, sem perder de vista o lugar do sujeito no laço social.

As narrativas iniciais sobre a gravidez

Nas poucas linhas que compõem o breve relato inicial da gestante na entrada ao Programa, constava que Medusa havia sido estuprada e, por isso, desejava entregar o bebê para adoção. Mesmo lidando cotidianamente com situações que envolvem dramas e sofrimentos ligados às diversas formas de violência, deparar com o caso de Medusa provocou um impacto significativo na autora. Imaginariamente, era esperado o encontro com a dor da experiência traumática a partir do atendimento, mas algo mais se descortinou, pois a narrativa dela, assim como no mito, mostrava como a história de Medusa "transformava em pedra", imobilizava, quem olhasse para ela. A pedra da omissão e do silêncio, do desmentido frente à violência sexual, foi o que Medusa encontrou no seu caminho.

A voz trêmula e a fala acelerada marcaram o primeiro contato com Medusa, que se deu pelo telefone, em razão do momento em que ocorreu. Era julho de 2020, pandemia de Covid-19 assolando o mundo e com altos índices de contaminação no Brasil, sem perspectiva vacinal e sem leitos suficientes em hospitais para atendimento dos casos. Para adaptação dos atendimentos a esse contexto, adotou-se a modalidade remota, preferencialmente por chamadas de vídeo. Contudo, no primeiro contato telefônico, Medusa expôs que não tinha rede de internet suficiente para o vídeo, sendo possível manter os atendimentos apenas por telefone naquele momento. Assim foi feito, em um formato e *setting* de atendimento que as condições da pandemia consolidaram na prática profissional. No caso de Medusa, nem mesmo o vídeo pôde ser usado, restando o comparecimento do desejo de escuta e de fala, contornado pelas modulações da voz, sua tonalidade e cadência. Foi por esse meio que foi possível acessar os primeiros relatos de Medusa sobre a violência, sobre a miséria e angústias dessa jovem mulher negra, pobre, solitária e violentada.

Sua casa era um barraco de lona que, quando chovia, mal cobria a água que caía de cima. A água acumulada no chão corria como um rio aos seus pés. Em suas palavras, Medusa acrescentou:

> A vida aqui é muita luta, muita mesmo. Nunca pensei que seria assim. Tem que levantar de madrugada pra pegar água pra tudo, beber, tomar banho, cozinhar... e não tem geladeira. Tem que buscar lenha no mato para cozinhar no fogão de lenha. É muita luta.

A família era a mãe, portadora de sofrimento mental e físico e, apesar de não ter cuidado de nenhum dos três filhos, agora se ancorava em Medusa para conter seus conflitos emocionais e resolver suas demandas de saúde física. Com a irmã e os três sobrinhos, as relações estavam abaladas porque o marido daquela estuprou Medusa, violência que gerou o bebê que estava no quinto mês gestacional. Como Atena, no mito grego, a irmã de Medusa não acreditou no relato de estupro. De forma análoga, a comunidade do assentamento onde vivia omitiu-se em chamar a polícia para não prejudicar as relações comunitárias. Sem reconhecimento de sua condição de vítima, a experiência traumática inominável afastou ainda mais suas possibilidades de serem colocadas em palavras, ocorrendo o segundo momento do trauma, o desmentido conceituado por Ferenczi (1931/1992).

O autor, referindo-se ao trauma relacionado a situações de violência sexual infantil, especifica, a partir de suas observações clínicas, que quando os adultos tidos como protetores para a criança não acreditam em seus relatos da violência sexual, ocorre o desmentido. Atribuiu maior gravidade a essa negação da experiência vivenciada do que a experiência traumática em si (Ferenczi, 1931/1992). Ao refletir sobre a violência sexual contra as mulheres, que em nossa sociedade responde a partir da cultura do estupro (Sousa, 2017) e nas dificuldades enfrentadas por estas em terem suas denúncias e narrativas sobre a vitimização reconhecidas e validadas jurídica e socialmente (Almeida, 2014), é possível pontuar o quanto essa não validação pode ter, como efeito, um segundo momento traumático.

Almeida (2014), ao analisar discursos jurídicos em processos sobre estupro, concluiu que as decisões judiciais se mostraram pautadas em discursos sociais machistas e misóginos, resultando em mais uma violência direcionada à vítima. A autora assinala que:

> *A vontade de verdade [da Justiça], com o auxílio de outros procedimentos de controle do discurso, também promovem uma violência de gênero no cenário judicial de modo a ainda não absorver as declarações da vítima em sua inteireza, não obstante o discurso oficial da imprescindibilidade das declarações das vítimas nos crimes sexuais, como já dito, acompanhada de vasta reprodução das informações e trechos do seu testemunho. (Almeida, 2014, p. 11)*

Medusa se referiu à violência como "o fato que aconteceu comigo", apresentando, ela também, a dificuldade de nomear a violência sofrida.

> Minha irmã não acredita que isso partiu do homem. Ela saiu gritando na rua e berrando "minha irmã pegou meu homem". … Ela ficou sem falar comigo e depois dizia que ninguém no assentamento acreditaria em mim. Ela não acredita. … não fiz denúncia porque minha mãe não aceita e o coordenador da comunidade disse que não pode sujar a imagem do assentamento. … Sinto uma revolta, no começo era só desespero, me vi sem saída, não tinha apoio de nenhum dos lados. Era só desespero. Depois do atendimento da psicóloga do hospital comecei a pensar numa saída.

Em sua narrativa, Medusa delineou o impacto subjetivo do desmentido da violência sexual. A falta de apoio e reconhecimento de sua condição de vítima a levaram a experimentar uma solidão arrebatadora que a impedia de pensar em alternativas. A impotência emergiu fechando as *saídas*, destituindo-a de suas possibilidades de elaboração. Ao escutá-la, acompanhando as oscilações de sua voz, que por vezes saía trêmula, outras vezes tão rápida, sem pausas, parecendo tentar contemplar a intensidade das experiências de desvalorização, senti em meu corpo um peso imobilizador. Ao final desse atendimento, Medusa falou sobre ter se sentido ouvida e acreditada pela primeira vez, fazendo emergir a marca indelével da relevância da escuta dos sujeitos em desamparo discursivo (Rosa, 2022).

Rhea compareceu pela primeira vez ao Setor de Psicologia: era uma mulher alta, negra, vestindo uma camiseta que cobria ainda folgadamente a barriga da gravidez em curso, por volta do sétimo mês. Ela falou com tom de voz baixo, olhos ao chão, de tempos em tempos regados por lágrimas quando dizia que não ter condições de ficar com esse bebê porque não queria que ele vivesse a vida pobre que ela vivia com a filha de 2 anos:

> Eu não tenho condições de ter mais um filho. Já tenho minha menina e as coisas já são muito apertadas. … Fico preocupada em não ter como comprar as coisas para o bebê. É muito ruim ver as coisas acabando e não saber como vai ser.

A pobreza em seu discurso aparecia na sua condição de emprego informal como manicure, de não conseguir escolher as roupas da filha, pois a vestia com doações de terceiros, e de não poder atender pequenos desejos da criança, como um bombom ou suco. Após relatar dolorosamente a experiência amarga da maternidade em condições econômicas precárias, Rhea disse, com firmeza, que entregaria a filha para adoção. No instante de ver, não havia dúvida de sua decisão sobre a entrega. Mas, em meio a lágrimas, ela disse que amava o bebê e que por isso o entregaria para que encontrasse melhores condições de vida: "Eu amo o bebê. Penso no bem do bebê e estou fazendo isso para o bem dele. Vou continuar amando ele... Sei que vou ter um filho por aí...".

Este primeiro atendimento foi marcado pela presença de uma dor cortante, emoldurando a ruptura que se apresentava ao horizonte, a separação de mãe e filho, como um grito emudecido, a impotência frente à exclusão social e a carência de políticas públicas, que retirava de Rhea a possibilidade de cuidar do bebê. Ela vivenciava a gravidez como se tivesse seus braços e pernas amarrados, estagnada e sem perspectivas de conseguir oferecer um mínimo de condições e de cuidados. Não se tratava do afeto, ela sinaliza a existência deste. A impotência que a acompanhava referia-se aos meios de sobrevivência. Rhea enunciou a angústia que mulheres em situações de vulnerabilidade extrema podem experimentar ao não terem como prever se haverá a próxima refeição para os filhos. A dor da precariedade e proximidade da fome, intocadas no discurso social, mitigando as possibilidades de enfrentamento tanto a nível subjetivo quanto sociopolítico, um desamparo discursivo e social, conforme apresentado por Rosa (2022). Ao falar dessas angústias, Rhea pôde dar contorno ao que antes era silenciado, mas que permanecia como uma condição para a desistência do seu bebê.

Dafne compareceu ao primeiro atendimento com suas unhas muito compridas e bem pintadas, cabelos lisos e longos e um corpo que ainda não revelava a gravidez em curso. Estava aos três meses de gestação e não vacilava na certeza da entrega daquele bebê para adoção. Mas a história do bebê não era só dele, ecoava ainda a história de Dafne, a qual havia sido "doada" quando tinha 1 ano de vida. Ela iniciou seu relato a partir de sua própria história de abandono e que, na sequência do atendimento, surgiu como uma ferida:

> Eu fui adotada com um ano. Minha progenitora me deu para a família que me criou. Ela (genitora) não me quis e me deu para os outros. Mas

> eu quero fazer diferente, quero fazer tudo certinho, por isso procurei a Justiça.

Sua voz firme e a certeza sobre a entrega eram acompanhadas da justificativa que, daquele modo, faria diferente do que a própria genitora havia feito com ela. A tentativa de marcar essa diferença não se mostrava clara, pois Dafne buscava entregar o bebê a outra pessoa, como sua mãe biológica o fizera. Ao ser perguntada, ela ficava confusa e respondia que ela faria o certo ao procurar a Justiça, ao passo que a genitora a teria dado a terceiros, de forma clandestina. Nesse ponto, Dafne alude a uma diferenciação importante entre o abandono e a entrega. Apesar de não ter sido deixada em qualquer lugar, como calçadas, caixas ou sacos plásticos, como tantos fatos noticiados na mídia, sua experiência primordial na relação com a genitora foi de abandono. Contudo, ela acreditava ser diferente o que pretendia fazer, que era entregar o seu bebê à Justiça. Para a Psicanálise, cada experiência do sujeito adquire um sentido singular (Maia, 1995), como no caso de Dafne, a qual fez suas tessituras de sentido sobre o fato de ter sido doada, entregue e adotada. Pode ser que a demanda que ela dirigia ao Judiciário fosse não apenas entregar o seu bebê, mas ser também ela acolhida, adotada e reconhecida enquanto sujeito.

Motta (2001) trouxe importante contribuição ao estudo e abordagem do tema ao discutir as acepções de abandono e entrega, traçando a diferenciação entre os termos. A autora concebe que o abandono não acontece apenas quando há uma separação física de um bebê por sua mãe. Amplia a compreensão do abandono ao dizer que ele acontece mesmo quando pais e mães se encontram presentes na vida da prole, mas são negligentes ou exercem violências sobre seus filhos. Entende que seria um abandono do sujeito criança, em seu aspecto humano, subjetivo e psíquico, deixando de protegê-lo e de ofertar um ambiente que permita seu desenvolvimento enquanto sujeito.

> *Na nossa opinião, a definição legal ampliada atende melhor aos fatos concretos em seu entendimento de que é abandonada não só a criança que é concretamente separada de seus pais ou mãe, mas também aquela que, estando em sua companhia, é submetida a maus-tratos ou não é atendida em seus direitos mais essenciais como ser humano. (Motta, 2001, p. 40)*

Motta (2001) considera que atribuir a entrega do bebê à adoção a conotação do abandono é uma forma preconceituosa de se dirigir à mulher que desiste de criar aquele filho e propôs que fosse utilizado o termo entrega para esses casos. Ela explica que a mudança semântica visa ampliar o olhar e compreensão sobre a multiplicidade de condições que levariam uma mulher a essa decisão, bem como busca afastar os sentidos pejorativos vinculados ao termo abandono. Entretanto, ela pondera que a simples mudança das nomenclaturas não é o determinante para modificar o estatuto do bebê entre abandonado ou não abandonado.

A obra de Motta (2001) conduz a pensar sobre o quanto essas nomeações produzem efeitos simbólicos no laço social, que se organiza a partir da linguagem e marca do sujeito do inconsciente. No abandono, a sociedade não parece ver na mulher sujeito de desejo, mas sim uma mulher-monstro, que abandona e, de certo modo, aniquila, enquanto o bebê é reduzido ao objeto, resto e dejeto deixado no lixo, em caixas de sapato, como alguns bebês são encontrados. Em uma entrega para adoção, busca-se reconhecer ali o sujeito mulher, em sua complexidade desejante, nas agruras do desamparo discursivo a que ela é relegada, e frente à difícil escolha pela qual ela se responsabilizará. Além disso, reconhece-se também o advento de um sujeito ali onde está o bebê, buscando propiciar a ele um lugar no mundo que não o de dejeto.

Nesse ponto, as equipes de atendimento nas maternidades e nos atendimentos realizados nos Fóruns buscam funcionar como esse Outro materno para o bebê, podendo dirigir a ele olhar e palavras que o insiram primordialmente na cultura. Szejer (2020), ao apresentar suas reflexões sobre o nascimento, ressalta que o bebê é inserido na cultura pela linguagem e, desde os primórdios, deve-se dirigir a ele palavras sobre si e sua história. Ela afirma que

> *Depois de ter decidido nascer, a criança precisa também decidir viver entre os seus semelhantes, e para isso precisa ser acolhida por eles. Ao contrário dos mamíferos, deve também estar na ordem da linguagem a que está submetido, na qual já está inscrito. Falar com um bebê é significá-lo, reconhecê-lo como parte da sociedade dos homens, estes mamíferos falantes. (Szejer, 2020, p. 38)*

Nas situações em que a separação do bebê e sua mãe vão além daquela provocada pelo parto em si, como em situações de morte materna, e aqui também na entrega voluntária dos bebês, a descontinuidade das percepções auditivas e olfativas do bebê podem fazer-lhe marcas devastadoras que ressurgirão em forma de sintomas (Szejer, 2020). Mas como nos ensina a Psicanálise, não é o evento em si que é traumático, mas o sentido que se dá a ele. Portanto, mostra-se ainda mais relevante que se possa colocar em palavras para o bebê a situação por ele vivenciada (Szejer, 2020), função que pode ser assumida pela equipe dos cuidados neonatais.

Tempo de compreender

As mães sem suas mães

Ao revisitar aspectos de suas vidas, por meio das narrativas de suas histórias, as participantes evidenciaram suas relações fragilizadas com as respectivas mães. Zalcberg (2003) apresentou como a relação primordial do sujeito com a mãe tomou seu lugar na teoria psicanalítica, assumindo na teoria freudiana a fase anterior ao Édipo propriamente dito. A autora afirmou também que, para a mulher, as ressonâncias da fase em que a mãe é o objeto de amor privilegiado da criança podem se constituir em questão central nas suas ulteriores relações e nas suas apropriações como mulher e mãe.

Medusa trouxe em sua história a experiência de ter sido uma criança que circulou por diferentes famílias, portanto, ela foi uma criança que circulou, segundo a definição de circulação de crianças de Fonseca (1995). Medusa viveu em diversos lares de familiares desde que se configurou a impossibilidade de receber cuidados maternos e paternos. A genitora, portadora de sofrimento mental, *espalhou os filhos* porque não conseguia cuidar deles. Antes disso, o genitor teria abandonado a família, sendo desconhecido seu paradeiro.

Fonseca (1995) aludiu como a circulação de crianças adquiriu um significado cultural e social importante nas comunidades mais pobres, formando as redes de parentesco e cuidados. Ela reconhece que a pobreza é um fator-chave para desencadear a prática que se sustentou ao longo de anos como modo de organização social das famílias, especialmente aquelas de mais baixa renda. No caso de Medusa, a circulação se deu também em razão das limitações de saúde da genitora, conforme apresentado pela gestante:

> A mãe tem transtorno bipolar do humor e tem depressão e síndrome do pânico. Ela nunca teve condição de cuidar dos filhos. Os três filhos foram espalhados e só adultos se reuniram. Eu morei nas casas de umas tias, mas não era convívio bom, não. Tinha que cuidar de 17 cachorros, arrumar a casa toda e ainda estudar e trabalhar para ajudar nas despesas.

A relação atual de Medusa com a mãe convocava-a a assumir um lugar de cuidado. Ela apresentava, ao longo do acompanhamento, as angústias diante das tantas demandas de saúde física e emocional da genitora, diante das quais se definia como a única disponível a atendê-las. Em suas palavras, "É ela na frente de tudo" (Medusa), apontando para o lugar de primazia do atendimento das demandas maternas, que se mostravam insaciáveis:

> A mãe é muito nervosa e precisa tirar o útero, é um caso sério. E ninguém da família quer cuidar dela porque ela é muito agitada, nervosa. Aí eu vim trazer ela para fazer a cirurgia aqui, mas não sai a cirurgia. Eu fico corre daqui e corre dali, mas não sai a cirurgia. É muita luta... Eu tento manter o controle, tenho que ter paciência... às vezes precisa conter ela... Ela sente muita dor, fica se batendo, tentando arrancar o útero. É ela na frente de tudo.

O útero, órgão feminino ligado à fertilidade, era para ambas, mãe e filha, fonte de sofrimento. Enquanto uma se contorcia e sangrava, em outra abrigava um corpo que materializava a violência sexual sofrida por Medusa, ambas mulheres se havendo com a condição uterina de viver e sofrer.

Apesar de não ter recebido cuidados da genitora, Medusa assumiu os cuidados da mãe naquele momento, provavelmente sendo esse o único lugar possível de se posicionar perante a mãe, um resquício da demanda de encontrar um lugar do desejo materno. Medusa não se referia à mãe usando o pronome possessivo "minha" ao longo do acompanhamento. Sua fala, ao se referir à genitora, trazia um tom distante e impessoal: aquela é "a mãe", mas não "a minha mãe". Nessas nuances da linguagem emergiram os conteúdos que estavam recobertos pela realidade apresentada e sinalizavam o frágil laço entre elas.

Dafne iniciou sua narrativa pela condição de filha adotiva. Ela foi adotada por um casal que possuía, cada um, filhos de relacionamentos anteriores, tornando-se ela a única filha do casal. Referiu ter buscado pela mãe biológica e narrou o encontro com ela, que aconteceu quando já era adulta, com intenso sofrimento. "Foi um tapa na minha cara. Ela falou que não me queria e que me deu porque tinha nojo do meu pai porque ele era negro" (Dafne). Vivenciou uma grande decepção, tendo sentido a rejeição materna. Em sua narrativa, a mãe biológica aparecia sempre que Dafne referia sua intenção da entrega do bebê, como uma referência negativa, demarcando sua intenção em fazer diferente do que a mãe fez consigo.

> Eu não quero jogar no lixo, não quero cometer nenhum crime, por isso estou aqui [na Justiça]. E sei que essa criança no futuro pode me procurar. Estarei de portas abertas, diferente da minha progenitora. Mas eu não quero nenhum vínculo com essa criança, não me sinto mãe dela.

Ela apresentou a família adotiva a partir de desunião: "nunca foram unidos, o sonho da mãe era que fossem unidos. Mas os irmãos nunca me aceitaram" (Dafne). Contudo, ela pontuava a existência de afinidade com a mãe adotiva, de quem se dizia muito próxima. Esta, contudo, havia falecido de câncer poucos meses antes. Na doença da mãe adotiva, referiu que os conflitos com os irmãos se intensificaram porque eles não informavam Dafne das condições de saúde materna. Contraditoriamente, ela mencionou que morava em companhia da mãe e, dentre os filhos, foi quem ficou mais próxima e lhe prestou cuidados. Pouco antes da mãe adotiva falecer, os irmãos expulsaram Dafne de casa junto aos seus dois filhos. Ela relatou ter "perdido o chão", perdeu a mãe e a moradia. Em mais uma experiência de ruptura, rejeição e abandono, conheceu um homem com quem foi morar e iniciou relacionamento amoroso que durou apenas dois meses e teve fim em razão dele ter agredido a filha de Dafne. Ela narrou a agressão e a decisão de sair imediatamente da casa dele e relatou ter "tomado ódio dele". Pouco depois, Dafne descobriu a gravidez já em curso.

As articulações discursivas de Dafne sinalizam suas tentativas de diferenciação e também de identificação com a mãe biológica, à qual se referia categoricamente como *progenitora*. Essa nomeação escolhida buscava demarcar um vínculo restrito à genética, mas que deixava escapar a carga afetiva que carregava ao ser pronunciado com forte entonação.

Como apresentado por Schechter e Perelson (2017), os processos psíquicos de identificação e de diferenciação da mulher com a mãe podem permitir a construção de um espaço psíquico nela para advento de um filho.

> *A importância do vínculo entre mãe e filha se torna ainda mais evidente no contexto da maternidade, quando uma mulher, ao tornar-se mãe, se reaproxima das representações psíquicas da mãe que teve em sua infância. Esse se torna um momento privilegiado de acesso a conteúdos recalcados referentes à relação primária entre mãe e filha, evidenciando possíveis impasses no processo de separação. (Schechter & Perelson, 2017, p. 405)*

As representações da genitora e os efeitos do abandono vivenciado por Dafne pareciam obturar qualquer possibilidade de concepção psíquica daquela criança. Em outro aspecto, algo da sua experiência enquanto filha se repetia: a progenitora havia lhe dito que a entregou a terceiros porque não gostava do genitor de Dafne. Esta, por sua vez, apresentava também aversão ao genitor da filha.

A perda da mãe adotiva, falecida pouco antes dos acompanhamentos, não foi trazida com tamanho impacto para Dafne, não mais do que a história narrada em torno da mãe biológica. O enigma do desejo materno repousava sobre esta e não do lado daquela. Ter sido descartada, tratada como resto, reafirmado na resposta da mãe biológica, fez a condição de sua história ter um caráter traumático.

O trauma, conceito central da Psicanálise, pode ser compreendido como resultado de uma experiência que expõe o sujeito a um excesso pulsional que escapa à simbolização e que permanece insistindo em busca de encontrar um sentido que lhe dê vazão. Nesse movimento de insistir, o trauma reverbera e retorna em sonhos, sintomas ou em repetições nas relações do sujeito com os outros (Laplanche & Pontalis, 1998). A história de Dafne com a mãe biológica apresentou-se como marcas traumáticas em razão do caráter de repetição com que ela o apresentou em sua narrativa.

Rhea residia na casa da mãe durante a gravidez e o acompanhamento. Contudo, ela definiu a genitora como uma pessoa pouco afetiva, que não oferecia apoio e mantinha postura excessivamente crítica com ela. A gestante disse que sua mãe se recusava a ajudá-la nos cuidados com a filha de 2 anos de idade e menos ainda estaria disposta a acolher o bebê que logo chegaria. Rhea pontuou que a mãe criou sozinha os dois filhos e, ao narrar a relação com a genitora, deixou emergir seu pesar e sofrimento, que pareceu remeter Rhea ao desamparo primordial, a uma condição de não ter um outro que lhe seja suporte emocional na vida: "mãe criou a gente muito seca ... ela julga muito. É do pensamento que 'quem pariu Mateus que o embale'" (Rhea).

Rhea apresenta uma família que, apesar da presença física, mostra-se ausente afetivamente, deixando um vazio onde se buscaria apoio e reconhecimento. A recusa materna a auxiliá-la com a filha e com o bebê que gestava tornou-se um entrave na assunção dessa criança. Rhea sentia-se imersa em impotência e desvalorização. A falta de rede de apoio para as mulheres se mostra um atravessador importante de suas condições afetivas na relação com os filhos (Racamier, Sens & Carretier, 1961/2019).

O bebê, um estranho no ventre

Schechter e Perelson (2017) pontuam que, durante a gravidez, o mecanismo de imaginarização do bebê que as gestantes promovem tem caráter narcísico e envolve, portanto, investimentos libidinais nas projeções e identificações de si mesma com esse bebê. Após o nascimento, por sua vez, tende a haver uma diferenciação e a mulher é levada ao encontro com um bebê real, diferente do imaginado, passando a estabelecer com ele uma relação de objeto e não mais narcísica, na melhor das hipóteses. Essa relação da mãe com o bebê vai sendo ponderada pelas condições maternas de elaborar esse luto pelo bebê imaginado, deixando as pulsões se ligarem a esse outro diferente e estranho. Ocorre que nas gestantes acompanhadas na presente pesquisa, o investimento libidinal narcísico com o bebê se mostrou ínfimo e perene.

Dafne se referiu à criança como algo distante de si, não havendo lugar para ela em sua vida. "Eu não sinto nada por essa criança. Estou só cumprindo meu papel de colocar no mundo, mas não vejo essa criança no meu ciclo de vida" (Dafne). Além disso, ela buscava alternativas para não ter nem mesmo seu nome no registro da criança.

Ao longo do acompanhamento, Dafne manteve a intenção de entregar o bebê para adoção, o que era reafirmado por ela a cada encontro. Ainda assim, ela cogitou escolher um nome para a criança e expressou o desejo de vê-la após o nascimento. Quando se aproximava o momento do parto, ela falou sobre o início da gestação:

> no início eu sentia muita raiva, muita mesmo. Mas agora, eu consigo entender que eu não tenho condição. Só quero mesmo cumprir meu papel, fazer o que é certo. Desejo que essa criança tenha uma família, como eu tive.

Para a gestante, essa família tanto poderia ser uma família adotiva ou a família biológica paterna. Contudo, ela manifestou dúvida e preferência pela criança ser adotada em detrimento de permanecer com o pai, após tomar conhecimento que, em caso de adoção, o nome da genitora seria retirado do documento civil do bebê. Ela supôs que, pela adoção, poderia ser apagada em definitivo da história da criança.

Para Medusa, a possibilidade de imaginar um bebê ao longo da gravidez se mostrou ainda mais precária. Seu discurso sinalizava a experiência de ter um corpo em seu ventre tomado como marca da violência sofrida. Ela mencionou que evitava pensar, porque, quando pensava, rememorava o estupro. Portanto, referia-se ao bebê como "o meu problema": "Estou com medo de não conseguir resolver meu problema. Fico pensando, será que vai dar certo? Será que vai resolver lá no Fórum?".

Ao ser perguntada sobre o que seria esse problema, ela falava: "entregar, será que vai dar certo entregar a criança?" (Medusa).

Foram poucas as menções de Medusa sobre esse bebê. Sempre que falava em algo sobre a gravidez, sua fala se direcionava ao sentimento de urgência em finalizar aquela condição. Quando perguntada sobre o ultrassom, pré-natal, ela chegou a falar o sexo anatômico do bebê e logo retornou a narrar a urgência de que tudo acabasse.

> É uma menina... às vezes sinto um empurrão, mas não fico com aquilo na cabeça. Para mim aquilo não existe. Tenho pressa de tudo resolver logo... quero ficar livre, sabe?

A situação de concepção do bebê de Medusa, por meio da violência, provocou um trauma que perdura e é atualizado a partir das sensações físicas que a remetem à gravidez. Suportar uma gestação fruto de um estupro pode ser uma violência e um prolongamento da vitimização. Em pesquisa realizada com mulheres que foram vítimas de estupro e engravidaram, as autoras identificaram os relatos de angústia ante a gestação, a não vinculação ao bebê e ao fato da gestação ser uma lembrança da violência (Nunes & Morais, 2016).

Nas narrativas de Medusa e Dafne, não se identificavam construções imaginárias sobre o bebê. Ele estava ali, habitava os corpos delas, mas não estava presente em seus psiquismos enquanto sujeito. Apesar de compartilharem tão intimamente um corpo, o bebê era para elas um estranho, um estrangeiro, talvez um hóspede indesejado. Dafne demonstrou essa condição do bebê quando falou: "meu papel é apenas esse, de pôr no mundo, nada mais".

Diferentes psicanalistas destacam que, para a gestante, o bebê imaginário refere-se às construções psíquicas maternas de atribuir imaginariamente, portanto, no campo da fantasia, que aquele corpo orgânico porta um sujeito em um vir a ser, em sua dimensão psíquica (Aragão & Marin, 2014; Iaconelli, 2020). Quando uma mulher grávida conversa com o bebê, escolhe seu nome, prepara enxoval e imagina essa criança, ela supõe esse sujeito, e com esse bebê imaginário ela inicia um laço. As reflexões sobre esses processos psíquicos conduziram as análises ao conceito de *sujeito-suposto-saber*, operação imaginária do sujeito em transferência, que supõe um saber sobre si existente no analista (Ons, 2021).

Propõe-se, então, pensar que, ao longo da gravidez, a gestante pode ou não supor, na experiência vivida no corpo, a existência imaginária de um *bebê-suposto-sujeito.* Ao longo da escuta de mulheres grávidas, a partir dos diferentes discursos, colhendo pistas das construções psíquicas desse bebê-suposto-sujeito, abrem-se as possibilidades de se acompanhar as condições de vinculação a ele. Considera-se que, ao falar sobre si e sobre a gravidez, abrem-se janelas no psiquismo da gestante para possibilidades e construções subjetivas de toda ordem, inclusive relativas ao bebê. Portanto, a escuta das gestantes pode se prestar a essas elaborações que darão a direção da decisão a ser tomada pela mulher em relação a essa criança.

Diversamente das participantes Dafne e Medusa, Rhea falava sobre um bebê, o qual ela dizia inclusive amar: "A entrega não é algo que eu tenho orgulho. Eu amo esse bebê do mesmo jeito que amo minha filha. Só não quero que passe necessidade como eu passo".

Rhea trazia preocupações com o bebê e como seria o encaminhamento dele: "A preocupação é se o bebê vai ficar bem. Eu não quero que ele vá para um abrigo". Em um momento, ela perguntou se os adotantes já haviam sido contatados. Foi esclarecido a ela que naquele momento o bebê era dela, estava em sua barriga e que aquele trabalho consistia em ouvi-la. Novamente foram-lhe apresentados os prazos para arrependimento, reforçando que nenhum movimento seria feito em direção aos adotantes, respeitando-se o direito dela de decidir. Essas orientações foram concluídas com uma questão sobre o motivo daquela pergunta. Rhea respondeu que todas as noites rezava para os futuros pais do bebê. Seguindo os caminhos daquela escuta, foi a ela solicitado que narrasse como ela rezava. Rhea respondeu em meio a lágrimas:

> Eu rezo todas as noites para eles serem boas pessoas e amarem muito esse bebê. Que eles possam dar estudo, passeios e uma vida boa, com muito carinho para o bebê. Rezo para serem pessoas honestas e que ensinem o bebê a ser uma pessoa do bem...

Mergulhada em lágrimas, Rhea dizia sobre tudo o que ela gostaria de ser e dar ao filho, mas não se sentia em condições. O peso da impotência encheu a sala e atingiu a psicóloga, fazendo com que uma sensação de aprisionamento e imobilização permanecesse como efeito em seu corpo mesmo após finalizado o atendimento. Foi preciso que cancelasse seus demais compromissos e mergulhasse naqueles afetos despertados. Acessar o sofrimento e a dor daquela mãe, que naquele momento se apresentava maior do que qualquer outro sentimento, marcou a importância de se pensar sobre o quanto as condições sociais de mulheres podem ser decisivas em suas escolhas pela entrega voluntária à adoção.

Violência, exclusão social e os atravessamentos na maternalidade

A escuta das gestantes que buscam o Judiciário para realizar a entrega voluntária à adoção descortina algo que vai além e está aquém desse recorte que se faz na realidade acompanhada durante os atendimentos. Há algo que atravessa a vida dessas mulheres e que tem a ver com as experiências de exclusão e pobreza, violência e abandono, e que compõe o processo de subjetivação dessas mulheres, o que inclui também as (im)possibilidades de se tornarem mães. Nesse sentido, há algo da mulher, antes da gestante, que busca a entrega.

Racamier, Sens e Carretier (1961/2019) apresentam importantes fatores que exercem influência nas manifestações psíquicas da gestante e/ou puérpera, além daqueles ligados aos aspectos da relação mãe e filha, como o relacionamento conjugal e o ambiente social (a qualidade e a existência de uma rede de apoio), se a gravidez foi desejada, rejeitada ou não consentida, bem como as condições financeiras e sociais da gestante. Os autores explicam que esses eventos em torno da mulher podem intensificar os processos inconscientes hostis que naturalmente são suscitados no psiquismo materno, dificultando sua integração psíquica.

Betts (2014), em artigo sobre desamparo e vulnerabilidade e a inserção do psicanalista no laço social, apresenta o conceito de desamparo em seu sentido metapsicológico, aludindo ao desamparo primordial do ser humano, ao qual o sujeito é remetido a partir de experiências posteriores geradoras de mal-estar. Ele entende que experiências de catástrofe, violência e outras, ao relançarem o sujeito ao desamparo, apresentam seu potencial traumático. "As situações tornam-se traumáticas e geradoras de angústia intensa no adulto, na medida em que o confrontam, no tempo presente, com a impotência de seu estado de desamparo infantil originário" (Betts, 2014, p. 10).

As narrativas das participantes da pesquisa evidenciaram sofrimentos subjetivos irrigados pelas suas condições de mulher na sociedade e na cultura, potencializados pela demanda de maternidade que se impõe pela via do corpo em gestação.

Conforme já apontado nesse trabalho, as condições de exclusão social das participantes remetem aos indicadores sociais que denunciam a realidade de tantas mulheres brasileiras. Tais indicadores de desigualdades raciais e de gênero do Instituto Brasileiro de Geografia e Estatística (IBGE, 2021, 2022) demonstram como a população com os piores índices de pobreza é composta majoritariamente pela população negra e, ainda, o quanto essas desigualdades se mostram ainda mais acirradas para as mulheres negras. Essas condições de existência no laço social exercem um empuxo de segregação e desqualificação do sujeito, gerador de um sofrimento nomeado por Rosa (2018) de sofrimento sociopolítico.

A alusão à raça não foi feita de maneira explícita durante a escuta das gestantes, mas captada pela minha escuta racializada. Chamo de escuta racializada aquela que reconhece os mecanismos de recusa e denegação do racismo operantes em nossa subjetividade e, tendo consciência dessas resistências, consegue afrouxá-las e escutar o conteúdo inconsciente marcado pela raça. Como recomendou Freud (1912/2021a), o analista deve trabalhar em análises suas próprias resistências para que diminua "pontos cegos" e consiga colocar seu inconsciente como instrumento na análise.

Rhea apresentou em sua narrativa as marcas subjetivas da condição de pobreza e exclusão. Enunciou seu aprisionamento na estrutura social quando falou sobre não poder escolher a roupa que a filha usava, posto que, sem poder adquiri-los, a criança usava o que ganhava em doações. Não poder escolher suscitou a reflexão não apenas relativa à impotência, mas também no apagamento do desejo de Rhea e da impossibilidade de ela investir libidinalmente em bens para adornar a filha, parte de seu narcisismo, como disse Freud (1914/1996).

> Eu fico preocupada de não ter como comprar as coisas para o bebê. O que eu ganho não dá para mim e C. (filha de um ano e oito meses). Faltam as coisas para ela. É muito ruim ver as coisas acabando em casa e

> não saber como vai ser... ter que pedir... ver a filha pedindo um suco e não ter como comprar, não poder escolher a roupa que ela vai usar porque tudo que tem foi ganhado, sabe?

Além disso, ela falou sobre as condições de moradia dela, na casa da mãe, e da sua impossibilidade de se manter com a filha em outro local. Mesmo ali, na casa materna, a organização financeira familiar era um desafio, conciliar a moradia sem prejuízo de outras necessidades básicas. Era uma balança que não encontrava equilíbrio. A fala de Rhea, marcada pela angústia, escancarou a condição de privação social sem um mínimo de dignidade.

> Eu tenho que pagar creche para trabalhar e não tem como pagar pra mais uma criança. Minha mãe trabalha e já falou que não vai ajudar. Não ajuda com a C., imagina se vai ajudar agora? Ela paga o aluguel e as outras despesas dividimos. Não tem nem lugar para colocar mais um berço na casa e eu não tenho nada de enxoval e não poderei comprar.

Ainda sobre Rhea, em seu corpo de mulher negra, ela falou sobre sua experiência de solidão. A solidão da mulher negra, a qual é tomada como mulher sexual, sensualizada e não reconhecida como quem se pode amar e ter como companheira em uma relação conjugal. Em pesquisa bibliográfica sobre o sentido dessa terminologia, Mizael, Barrozo e Hunziker (2021) postulam que, no sentido afetivo-sexual, a solidão da mulher negra se refere ao fenômeno de preterimento amoroso tanto de homens brancos quanto de homens negros, que preferem mulheres não negras para relacionamentos duradouros. Segundo as autoras,

> *Esse preterimento é visto como uma das consequências do racismo intersectado ao machismo: o estereótipo de "mulata fogosa" – a visão de que mulheres negras são objetos sexuais, passíveis de desejo sexual, mas não de carinho e amor – utilizando como justificativa para estupros pelos*

> *senhores, na época da escravidão, ainda sobrevive no imaginário da população. (Mizael, Barrozo & Hunziker, 2021, p. 231)*

Rhea narrou o abandono pelo pai do bebê durante a gravidez da primeira da filha e sobre a falta de responsabilidade do genitor desse bebê.

> Passei muita necessidade mesmo na gravidez de C. Meu namorado, quando engravidei, falou que queria fazer teste de DNA e passei a gravidez toda sozinha. Foi muito ruim... Depois fez DNA, mas sofri muito. Sofro até hoje para ele ajudar um pouco [financeiramente]. O pai desse aqui nem contei que estou grávida. Ele está fugido para não ter que pagar pensão dos outros filhos. Ele tem cinco filhos e não ajuda em nada eles. Vai ajudar com esse?

Gonzalez (2020) aborda a situação da mulher negra no imaginário brasileiro fazendo alusão à mucama, figura que engendra tanto a imagem da empregada quanto a figura da mulher que era obrigada a servir sexualmente ao senhor. A autora alude, assim, ao tratamento atualmente dado à mulher negra, ora como subalterna, desqualificada, ora como a desejada sexualmente, mas não reconhecida como sujeito.

Nessa esteira, Rosa, Binkowski e Souza (2019) comentam que

> *O corpo negro, mas em especial o da mulher, é recolocado em cena através das marcas da escravização na hipersexualização, permissividade e autorização permanentes e atualizadas nas diversas formas de violência contra a mulher negra, bem como na alienação destas ao ideal de beleza e valor da mulher branca. A herança escravagista permanece no excesso de autorização sobre seus corpos,*

> *na separação pela cor de mulheres respeitáveis e não respeitáveis. (p. 92)*

Medusa, também jovem negra, evocou em sua narrativa marcas da escravização que, eliminada enquanto meio de produção formal, insiste e se faz presente no real do corpo e no laço social. Medusa trabalhou por horas a fio para receber moradia desde o início da adolescência, numa condição análoga à escravidão. Em suas palavras:

> Eu morei com uma tia minha porque não tinha onde ir. Eu tinha que fazer tudo, cuidar da casa, fazer comida, tudo! E ainda cuidava dos dezessete cachorros. Eu acordava as 4 horas da manhã para cuidar deles e limpar a sujeira deles antes de começar as outras coisas da casa. Ia assim até a noite... era uma vida muito difícil...

Sua condição de vida e moradia, em barraco de lona, sem condições de higiene e saneamento básico – situação sub-humana –, inevitavelmente aludia às antigas senzalas. Ela relatou sobre a casa onde morava:

> A gente aqui mora em situação de precariedade, sabe? Não tem água. Para ter água para cozinhar e tomar banho, a gente acorda as quatro da manhã e vai até o final do assentamento buscar água no poço, num reservatório. Se chover, a água corre embaixo dos pés da gente porque o barraco é somente de lona, sabe? A gente cozinha e esquenta água no fogão a lenha, que a gente tem que pegar no mato. É uma luta! Todo dia é uma luta!

A fome, o frio, a miséria e a violência sexual compõem o cenário social de boa parte das mulheres negras como Medusa.

Após cerca de quatro atendimentos, Medusa relatou a violência sexual sofrida:

> Ele era marido da minha irmã e pegou um barraco para levantar no assentamento. Aí ele pediu minha mãe para eu ir ajudar ele. Achei aquilo

> estranho, mas eu fui. Quando chegou na obra ele já veio no ataque, jogou água na minha cara e falou que eu era bonita. Rasgou minha roupa e eu não consegui sair, não. Ele era mais forte que eu, não. Eu nunca imaginava aquilo, não. Saí correndo e não contei para ninguém. Pouco tempo depois, ele foi preso porque o carro dele pegou fogo e quando a polícia veio, viu que ele tinha outros crimes e estava foragido. Levaram ele preso.

Ela descobriu a gravidez resultante do estupro quando estava com 21 semanas de gestação, ocasião em que a violência sexual foi revelada. Falou sobre ninguém ter acreditado nela, tendo sido acusada pela irmã de ter "roubado o homem dela". Relatou que o líder da comunidade não quis que acionassem a polícia para não manchar o assentamento. A mãe dela era contra a denúncia, considerando que o agressor já se encontrava preso e de nada adiantaria "colocar mais um crime nas costas dele". Esses relatos de Medusa vão tecendo o desmentido social, o descrédito na vítima, especialmente nos casos de violência sexual, tão comum em uma sociedade onde impera a cultura do estupro, como a brasileira.

Ela contou que recebeu atendimento no ambulatório público de serviço especializado a vítimas de violência sexual, onde foi cogitada a realização do aborto legal, direito garantido por lei. Entretanto, ela falou que não foi viável realizar o procedimento devido às precárias condições em que vivia e que foi, então, encaminhada ao programa de entrega voluntária. Em suas palavras:

> No início, eu me vi sem saída, eu não tinha apoio de nenhum dos lados. Entrei em total desespero... Aí depois do atendimento psicológico no ambulatório, eu vi uma saída... Agora já me sinto mais forte e mais tranquila. Estou agora lutando para fazer essa entrega.

O aborto legal no Brasil é um direito garantido por lei (Medeiros, 2021) e, conforme os artigos 124 a 128 da Lei n. 2.848, do Código

Penal Brasileiro de 1940 (Brasil, 1940), a gravidez oriunda de estupro pode ser interrompida legalmente, desde que o aborto seja precedido de consentimento da gestante. Medusa recebeu o atendimento em órgão especializado, pareceu estranho o seu relato sobre a não realização do procedimento. Evidentemente, seu relato foi acolhido como suas construções possíveis, considerando-se ser aquela sua narrativa a maneira possível para Medusa de elaborar sua história para ter chegado até ali. Entretanto, para melhor compreensão do caso, buscou-se contato com a equipe do ambulatório, que, ao acessar o prontuário de Medusa, informou constar um registro de que, após ter conversado com o irmão e com um líder da comunidade, Medusa havia decidido iniciar o pré-natal e desistir do aborto. Esse dado somou-se aos demais para tornar a situação de violência simbólica de Medusa ainda mais pungente. Escolhas foram ceifadas dessa mulher, que teve que manter uma gestação sob intenso sofrimento.

Durante o atendimento realizado no acompanhamento no Fórum, foi se tornando evidente o sofrimento de Medusa na vivência da gestação. A gravidez em curso materializava a violência sexual. Em suas palavras:

> Eu estou lutando para fazer essa entrega. Se não der certo no Fórum, eu vou dar um jeito... Tenho pressa que isso acabe logo e eu fique livre, sabe? Mas estou com medo de não dar certo. Mas tem que pensar positivo, né?

Rhea apresentou os pais, tanto da filha quanto do bebê, como ausentes e omissos nas relações com os filhos. A própria Rhea relatou que a mãe havia criado sozinha os dois filhos, não podendo contar com o genitor para sustento e educação deles. Esse fenômeno, da monoparentalidade feminina, tem expressiva ocorrência no Brasil. Dentre as famílias chefiadas por mulheres, encontra-se a menor renda *per capta* de todos os demais arranjos familiares pesquisados no relatório analisado (Dieese, 2023).

As famílias são múltiplas e as mudanças nas configurações familiares contemporâneas se dão em parte devido à inserção e à consolidação da mulher no mercado de trabalho, ocorrências de divórcios e recasamentos, havendo um esvaziamento das construções sócio-históricas das famílias nucleares formadas por pai, mãe e filhos. Contudo, essas configurações familiares monoparentais femininas, observadas a partir da classe, demonstram que, nas famílias mais pobres, a monoparentalidade feminina resulta em situações de vulnerabilidades socioeconômicas mais intensas (Leonardo & Morais, 2017). Pretende-se destacar nessa análise o quanto a condição de se responsabilizar por filhos sem auxílio e apoio de outro genitor e de rede de apoio familiar e institucional tende a aprofundar a desigualdade e a exclusão social das mulheres que exercem sozinhas a maternidade.

Nesse sentido, no caso de Rhea, ela vivia a expectativa de que seria abandonada pelo pai da criança, como acontecido anteriormente. Na primeira gestação, após abandono do pai da criança, ela vivenciou uma gravidez com muitas dificuldades. O que se percebe é que os genitores, muitas vezes, abandonam os filhos antes mesmo de seu nascimento. Nessa perspectiva, considera-se oportuno o que a legislação sobre a entrega voluntária à adoção prescreve, ou seja, que deve ser respeitado o direito da mulher acerca da indicação do genitor do bebê ou não. A Resolução nº 485/2023 (CNJ, 2023a) é enfática ao orientar que a busca pelo genitor só será realizada com autorização da gestante, que não é obrigada a indicar o pai da criança. As situações de omissão paterna e violências outras são mais frequentes do que se possa imaginar à primeira vista.

A história de Dafne apresentou-se por um outro prisma. Ao romper o relacionamento com o homem, que aqui chamarei de Apolo, seguindo a inspiração mitológica na escolha dos nomes, Dafne buscou escapar de uma relação que, desde o início, dava sinais de violência. Entretanto, o filho que ela carregava serviu como um laço com Apolo, que a perseguiu e agrediu verbalmente, alternando em tentativas sedutoras de reatar o relacionamento com Dafne. Apolo buscava fazer desse laço um nó que a amarrasse a ele, numa investida de dominação e posse.

No Estatuto da Criança e Adolescente (Brasil, 1990), a inclusão do genitor do bebê está prevista nos casos de entrega voluntária à adoção quando ele é indicado. A Resolução nº 485/2023 (CNJ, 2023a) especifica que a gestante deve ser informada de seu direito ao sigilo em relação à família extensa e ao pai indicado, bem como da inclusão deles, caso ela não solicite o sigilo. No Manual sobre a Entrega Voluntária – Resolução nº 485/2023 (CNJ, 2023b), publicado pelo Conselho Nacional de Justiça, o atendimento e a inclusão do genitor são previstos nos seguintes termos:

> *Havendo menção pela gestante ou parturiente de que a decisão da entrega à adoção é conjunta com o genitor da criança, e não havendo pedido de sigilo, deverá a equipe técnica solicitar a presença dele para complementação do estudo interprofissional. Outrossim, a família extensa ou suposto genitor poderão ser entrevistados pela equipe interprofissional sempre que houver solicitação pela gestante ou parturiente e desde que não tenha ocorrido o pedido de sigilo. (CNJ, 2023a)*

Quando Dafne indicou o nome do genitor do bebê e autorizou que ele fosse procurado e incluído no acompanhamento, ela manifestou o entendimento de que se tratava de um direito da criança e do pai. Ela ponderou que ele poderia ser uma pessoa violenta, entretanto, delegou essa avaliação à Justiça. Dafne novamente fez menção a uma parte de sua própria história de vida e disse que não queria impedir a criança de ter contato com o pai biológico, como sua mãe teria feito com ela. Explicou que, ao conhecer o seu pai biológico, ele lhe disse que a mãe o teria informado que Dafne havia morrido ao nascer.

A inclusão de Apolo nos atendimentos levou-o a intensificar as abordagens a Dafne, seja por telefone, mensagens ou pessoalmente, na porta da casa dela, onde ele permanecia por horas observando, inclusive durante a madrugada. Tais abordagens eram variadas, mas, na maioria das vezes, ele insistia que ela não entregasse o bebê e cuidasse dele por pelo menos seis meses. Quando Dafne se negava, ele a xingava de vadia, prostituta, desalmada, chocadeira e outros nomes pejorativos, bem como ameaçava acabar com a vida dela. Após insultos e gritos, ele tentava reatar o relacionamento, convidava-a para sair e, diante das negativas de Dafne, iniciava-se novamente o ciclo de agressões e ameaças.

Martins e Souza (2021) traçam uma análise do "não" no discurso feminino e sua representação simbólica na cultura, problematizando o quando essa interjeição pode ter efeito catalisador do ódio. Explicitam que, enquanto inseridos na cultura misógina e patriarcal, onde a mulher é destituída de sua condição autônoma, não lhe sendo reconhecida a autonomia de sujeito desejante, o "não" irrompe destituindo a estrutura simbólica que subjaz às relações afetivo-sexuais. Esse foi o efeito encontrado na história de Dafne a cada negativa apresentada a Apolo, suscitando agressões verbais, ameaças e perseguições.

Esse contexto gerou intensa angústia em Dafne, que entendia que Apolo insistia que ela assumisse a criança com o intuito de reatar o relacionamento e manter o controle da vida dela, condição da qual ela tentava se livrar. Ao longo do acompanhamento, a situação se intensificou e Dafne começou a apresentar sintomas físicos, como aumento da pressão arterial e palpitações.

> Ele [Apolo] fala que seu eu ficar com ele vai me ajudar [a cuidar do bebê]. Mas eu acho que essa obsessão dele com a criança é para ter vínculo comigo. Eu não quero nada com ele e ele não aceita. Ele me xinga, me chama de chocadeira.

Nos atendimentos realizados com Apolo, inicialmente ele reconheceu que a criança era sua, afirmando sua disposição em assumi-la. A legislação não exige realização de exame de DNA nesses casos, bastando o reconhecimento expresso ou indicação da genitora. Contudo, em meio às acusações desferidas à Dafne, Apolo passou a afirmar que ela era prostituta e, por isso, ele não tinha certeza de que o filho era dele e solicitou a realização do exame de DNA. Diante disso e das condições emocionais de Dafne, optou-se por apresentar ao juiz, em relatório, um pedido de suspensão do acompanhamento do suposto genitor, mantendo-se o acompanhamento de Dafne, e, após a realização do exame de DNA, retomar o acompanhamento com Apolo, caso se confirmasse a paternidade. Essa intervenção propiciou um certo afastamento de Apolo de Dafne e, por conseguinte, um alívio na situação estressora pontual relativa às perseguições e mensagens.

Em meio a esse contexto conflituoso, Dafne não conseguia sentir vinculação com o bebê. O seu pedido era de não precisar nem mesmo registrar a criança em seu nome. Desejava um total apagamento, rompimento com qualquer possibilidade de ligação com Apolo.

> Eu não sinto que esse bebê é meu filho. É muito diferente das outras gravidezes. Não sinto nada por ele, por isso que eu vim desde o começo. Eu não quero jogar no lixo, não quero cometer um crime... quero que seja criado por quem ama. Eu tive oportunidade de ter uma família e quero que ele [o bebê] tenha também.

Sobre o nascimento, Dafne afirmava, "eu não quero ver, nem amamentar. Se puder, nem quero meu nome no registro, não". Essa situação, da criança ser entregue sem qualquer registro que verse sobre a sua origem, conhecido como parto anônimo, não foi acolhida pela legislação pátria, especialmente para garantir à criança o acesso a sua origem, conforme o art. 48 do Estatuto da Criança e do Adolescente (Brasil, 1990). Então, o registro da criança na entrega voluntária à adoção é feito a partir dos dados informados na Declaração de Nascido Vivo, fornecida pelo hospital (CNJ, 2023b). Considera-se que, apesar do pedido de Dafne ser pelo parto anônimo, prevalece no Brasil o reconhecimento da importância da história do bebê, que fica resguardada nos documentos judiciais aos quais ela poderá ter acesso no futuro. Em termos da constituição subjetiva, esse resgate da história que antecede o bebê marca os primórdios da entrada do sujeito na cultura. Identifica-se, nessa garantia da legislação, a proteção ao direito do nascituro, isto é, anterior ao seu nascimento.

O caso de Dafne suscitou ainda reflexão sobre a relevância de se garantir à mulher a opção de indicar ou não o pai da criança, especialmente ao se analisar os altos índices de violência, misoginia e relacionamentos abusivos a que as mulheres estão expostas no Brasil. São situações complexas que podem interferir inclusive na decisão da gestante acerca da entrega ou não do bebê.

Portanto, a autorização da gestante para que o pai do bebê seja incluído no acompanhamento, seja para assumir a criança ou para concordar com a entrega, merece ser refletida junto à gestante, e não apenas tomada objetivamente. Por um lado, quando a mulher nomeia o genitor durante o atendimento, esse nome pode ser tomado e registrado nos autos, fazendo constar a identidade desse pai, o que permite a garantia de acesso à origem à criança. Essa simples nomeação durante o atendimento, contudo, não deveria ser tomada por quebra de sigilo e imediatamente justificar a busca pelo genitor. Entende-se que a inclusão deste no atendimento proposto deve ser expressamente manifestada pela mulher após esclarecidos a ela os procedimentos de inclusão dele e de familiares no acompanhamento da entrega voluntária. Considera-se que a participação do genitor pode ter efeitos psíquicos importantes para a gestante em um contexto de forte demanda emocional.

Não é possível afirmar que toda gestante que busca a entrega legal esteja em situação de exclusão social, precariedade econômica ou em situação de violência, apesar de serem as principais justificativas identificadas nas pesquisas encontradas ao longo das revisões bibliográficas deste trabalho, bem como as situações apresentadas pelas três participantes da pesquisa. É importante reiterar que os sentidos vividos pelo sujeito são múltiplos e singulares e que mulheres podem escolher pela entrega voluntária dos bebês por outras razões. Contudo, o que se analisou na presente pesquisa é que o atravessamento de condições sociopolíticas, ligadas às questões do lugar do sujeito no laço social, podem interferir nos processos psíquicos vivenciados pelas mulheres nas gestações, dificultando que elas estabeleçam vínculos com o bebê e se sintam em condições de assumirem a maternidade.

Momento de concluir

Partos, a Covid e as guinadas

No momento de concluir irrompe o parto, evento impactante a todos os atores dessas cenas e mais ainda às mulheres e bebês. Como bem sinalizado por Iaconelli (2020), o parto está para a mulher assim como o nascimento está para os bebês. São dois lados da mesma moeda, que no contexto desta pesquisa são remetidos também aos tempos e prazos judiciais. Há que se pensar nos tempos subjetivos, mesmo que nos meandros do tratamento objetivo dado a eles pelas leis. No momento de concluir, o tempo é impulsionado pela intensidade das experiências vividas pelas mulheres no parto.

Para a Psicanálise, do lado do bebê, o nascimento foi abordado desde Freud (1900/1996) como experiência traumática. Na presente pesquisa, buscou-se pensar no parto, naquilo que acontece no corpo da mulher no momento da separação daquele que o habitava. Garrafa (2013) pontuou que o parto, enquanto ruptura de um corpo, por si encerra um excesso pulsional e encena a própria divisão subjetiva. Acrescentou que há todo um trabalho psíquico para elaboração dessa experiência que não se restringe ao acontecimento apenas a nível orgânico. A autora marcou ainda como o parto traz em si o componente surpresa, como resultado de uma experiência com tamanha demanda pulsional que a faz, a princípio, imprevisível.

No acompanhamento das gestantes que buscam o Judiciário para a entrega voluntária, esse caráter eminentemente contingencial do parto e seus desdobramentos se faz presente e compõe a cena que acontece perante a Justiça. Por essa razão, a escuta das gestantes deve ser suficientemente continente ao inesperado, sobretudo quanto às decisões sobre a entrega.

O parto de Rhea ocorreu em casa, na madrugada. Ela vinha sentindo contrações, mas, acreditando ser cedo para o parto, não procurou nenhuma unidade de saúde. No silêncio da madrugada, na privacidade de casa, no colo da própria mãe, Rhea teve o bebê auxiliada e apoiada pela genitora, a mesma que se recusava a auxiliá-la. Após o nascimento, o Corpo de Bombeiros encaminhou mãe e bebê para assistência médica no hospital.

No dia imediatamente posterior ao parto, Rhea entrou em contato por telefone e relatou como aconteceu o parto. Ela explicou que sentia as dores das contrações, mas imaginava que poderia esperar até o dia seguinte. Relatou que pensava que o trabalho de parto demoraria mais tempo. Fez-se evidente a dificuldade de Rhea de vivenciar a separação do bebê, o que vinha aparecendo em seu discurso ao longo do atendimento. Adiar o momento do parto era também manter-se unida ao bebê, em relação ao qual ela sinalizava ter reconhecimento inicial de um sujeito. O adiamento da separação e o parto ocorrido em casa convocaram a genitora de Rhea a entrar na cena, ser participante ativa daquilo de que ela queria permanecer fora.

A intensidade da experiência vivida explicitou-se nas narrativas de Rhea e contribuiu para as mudanças nos rumos do caso. Ainda durante a internação hospitalar, Rhea entrou novamente em contato, pelo telefone, com a psicóloga que a atendia, e mudou sua fala sobre o bebê. Ele não era mais apenas *o bebê* e passou a ser apresentado por Rhea enquanto *minha filha:*

> Estão dizendo aqui [no hospital] que terei alta antes da minha filha, mas eu não saio do hospital sem ela. Eu decidi que vou ficar com ela. Minha mãe falou que vai me ajudar, que a neta nasceu em seus braços e então eu resolvi que vou dar um jeito e vou ficar com ela. Eu não saio daqui sem a minha filha, ela é minha filha!

Rhea estava angustiada porque nos casos de entrega voluntária à adoção o hospital recebe ofício do juiz, que determina que a alta hospitalar do bebê só pode acontecer por autorização judicial. Como o nascimento se deu no final de semana e a previsão da alta hospitalar de Rhea aconteceria em um domingo, a bebê não poderia sair com ela do hospital antes da segunda-feira, dia útil e de funcionamento do Fórum. A iminência da separação entre Rhea e a filha a apavorava. Essa situação foi contornada mantendo-se a internação de Rhea até a segunda-feira, quando o juiz autorizou o hospital a entregar a filha à mãe e ambas foram para casa juntas.

Este caso, que foi acompanhado por uma das autoras e pela equipe por 180 dias, suscitou a reflexão sobre o quanto o apoio da mãe de Rhea lhe permitiu assumir a filha e a lutar por ela, tanto em relação à alta hospitalar quanto no enfrentamento das situações adversas que ela imaginava vivenciar e que sustentavam, até então, sua decisão pela entrega.

No caso de Dafne, o parto teve que ser emergencial e envolveu importante risco de morte para ela e para o bebê. A gestante, por volta da 38ª semana de gestação, deu entrada no hospital com quadro respiratório grave e foi imediatamente levada para centro cirúrgico e intubação. Dafne havia contraído Covid-19 em momento sanitário crítico, com alto índice de contaminação e mortes. Dafne permaneceu internada por sessenta dias, sendo que em 45 deles esteve entre a vida e a morte, na unidade de terapia intensiva.

Era maio de 2020, e a pandemia assolava o Brasil e o mundo, levando várias vidas e, naquele momento, sem perspectivas de vacinação e pouco conhecimento sobre a dinâmica de propagação do vírus. Em meio à vida pandêmica, o Brasil se encontrava à deriva, sem autoridade pública que efetivamente coordenasse ações e medidas para o enfrentamento da pandemia. As informações eram incertas, desconexas e incoerentes, o que perdurou durante os dois anos da pandemia. Naquele momento, enquanto Dafne estava internada, a recomendação era de um longo período de isolamento social daqueles que estivessem com exame positivo para o vírus, ou tivessem mantido contato com pessoa comprovadamente infectada.

Durante o período de hospitalização de Dafne, a bebê, que nasceu em boas condições de saúde, foi inicialmente encaminhada para uma família acolhedora,[1] que manteve isolamento social por trinta dias, em razão de a bebê ter tido contato com o Coronavírus por meio da genitora. Enquanto isso, Apolo procurou a Vara da Infância e manifestou interesse em realizar o exame de DNA, o qual foi realizado e comprovou a paternidade biológica.

Como a bebê se encontrava acolhida no Serviço de Acolhimento Familiar do município, que possui equipe técnica (psicólogos e assistentes sociais) própria que atua junto às famílias das crianças acolhidas, foi essa a equipe que realizou os atendimentos a Apolo, procedeu com orientação e acompanhamento da família que acolheu a bebê, bem como ofertou atendimentos a familiares de Dafne que procuraram pela criança. Quando Dafne teve alta hospitalar, após a longa internação, no mesmo dia ela entrou em contato com a Vara da Infância e manifestou a intenção de assumir a criança. Esse pedido foi acolhido de imediato e o acompanhamento foi realizado pela equipe do Serviço de Família Acolhedora.

---

1 O Serviço de Acolhimento Familiar é uma modalidade de atendimento a crianças e adolescentes em situação de risco, quando é necessário o afastamento provisório deles de suas famílias de origem. Está previsto no Estatuto da Criança e do Adolescente, onde se recomenda que o acolhimento familiar seja preferencial ao acolhimento institucional.

Portanto, esse período pós-internação não foi acompanhado pelas autoras. Posteriormente, ao realizar a leitura e a análise do processo judicial, especificamente nesse período do caso, as questões relativas ao tempo emergiram. Há um tempo da urgência na tramitação de processos que se referem à proteção da criança, os quais são marcados por determinações judiciais para cumprimento imediato. Quais são os efeitos dessas decisões imediatas, sem mediação? No caso de Dafne, no mesmo dia da alta hospitalar, foi determinada a entrega da criança a ela. Havia o direito dela nesse sentido, mas qual o tempo de uma elaboração possível para a experiência de quase morte vivenciada e o sentido do seu pedido para assumir a criança? Tratava-se de um pedido para ter uma segunda chance de vida, que foi quase perdida? Não houve como acessar tais informações naquele momento.

Posteriormente, passados cerca de três meses da criança em companhia de Dafne, o processo foi remetido ao Setor Psicossocial do Fórum e retomado o acompanhamento. Naquele outro tempo, Dafne falou sobre não ter se vinculado à criança e não ter suportado a proximidade e convivência com o genitor da bebê. Relatou não ter conseguido dar nenhum banho na criança, e precisou contar com auxílio do pai dela para esses cuidados. Naquele momento, a criança não estava mais aos cuidados dela, pois Dafne a havia entregado ao genitor e solicitava não ter o seu nome do registro, como pedido desde o início de sua inserção no acompanhamento do Programa Entrega Legal.

Dafne não teve seu pedido atendido, em parte por não ser reconhecido no Brasil o parto anônimo. Seu nome permaneceu no registro da criança, não sendo declarada a extinção do Poder Familiar, conforme previsto nos casos de entrega voluntária à adoção. No contato realizado para solicitar autorização para a pesquisa, Dafne relatou não se reconhecer mãe daquela criança. Ao analisar o processo, há um silêncio sobre o pedido de Dafne de ser considerada ainda gestante da entrega voluntária. O processo foi declarado extinto ao se concluir que a bebê não se encontrava em situação de risco e nada foi mencionado sobre a viabilidade ou não da extinção da maternidade pleiteada. Destaca-se que o caso ainda se encontrava no período compreendido entre os 180 dias de acompanhamento previsto na legislação. Evidencia-se que o Poder Judiciário circunscreveu sua função na proteção da bebê, deixando de ouvir o desejo da gestante.

Medusa teve um parto natural após horas de trabalho de parto. Segundo informado pela equipe de Serviço Social do hospital, logo após o nascimento, ela irrompeu em choro intenso. Ela não quis ver o bebê. O hospital propiciou um alojamento individual para Medusa, que permaneceu sozinha no quarto. Providenciaram alguns itens de higiene e roupas íntimas para usar durante a internação. No atendimento realizado ainda durante sua internação, ao tocar no tema do parto, a fisionomia de Medusa se transformava, ela emudecia e seu silêncio parecia tangenciar o que era inominável.

A situação de Medusa conduz à reflexão sobre a reincidência das mais variadas formas de violência sobre a mulher vítima de estupro que decorre em gravidez quando é retirada dela a possibilidade de escolher a via de parto. Medusa foi vítima da violência sexual, da invalidação de sua fala sobre a violência no discurso familiar e social, e evidenciou intenso sofrimento psíquico relativo à manutenção da gestação, que culminou em um parto "natural" carregado de dor física e psíquica. No parto natural, a dor é inerente, mas o investimento libidinal no filho, no que pode resultar daquela experiência, bem como o suporte das pessoas naquele momento permitem fortalecer o sujeito no enfrentamento da experiência (Vendrúscolo & Kruel, 2015). Medusa estava sozinha, pariu um fruto da violência, uma criança não inscrita no campo desejante.

Em razão dessas questões, considero ser importante garantir à gestante vítima de estupro que decorre em gravidez, além do direito ao aborto já previsto em lei, que, caso ela decida manter a gestação, tenha a opção de escolher, discutir e amadurecer, com a equipe, a via de parto. Analisando-se de maneira mais ampla, nos casos de entrega voluntária à adoção, oferecer essa opção para a mulher se apresenta como mais uma forma de cuidado e respeito.

A escuta possível: uma clínica-política

Ao se propor empreender uma escuta dessas mulheres, abrem-se possibilidades de entrar em contato com experiências intensas, trágicas e impensadas. Trata-se de permitir uma disposição psíquica a acolher o inesperado, a alteridade e manter-se em uma posição de não saber, sustentando junto a elas a dúvida e a ambivalência, sem tecer expectativas sobre as decisões que podem vir a tomar.

Barros-Brisset (2011), referindo-se à posição da Psicanálise, que se furta a assumir um lugar de saber sobre o outro, afirma sobre o fazer do psicanalista na Justiça:

> *a teoria que interessa à Psicanálise é a teoria da prática – se temos alguma coisa a ensinar é só isso – lá onde não sei, e a experiência sangra, lá onde testemunhamos o que nossa escuta acolhe do que se apresenta como inarticulável pela teoria, pela norma, pelo discurso, é essa a única teoria que nos interessa aqui também, na psicanálise como passageira clandestina do Direito. (Barros-Brisset, 2011, p. 40)*

Não escutar as questões políticas que envolvem a entrega voluntária à adoção, as condições de exclusão que as levam a não ter escolha, é operar no modo do silenciamento delas. Aquiescer aos motivos mais comumente apresentados pelas mulheres que entregam seus bebês, de que o fazem por não terem condições econômicas para cuidarem deles, sem abrir possibilidades de enunciações, é estar sob a influência da resistência do analista frente ao sofrimento sociopolítico, como proposto por Rosa (2007). Um exemplo de como permitir operar nesse tipo de resistência, no caso da entrega voluntária à adoção, é realizar poucos atendimentos, apenas colhendo o que há de explícito em suas narrativas. Como sinaliza Rosa, essa resistência serve à manutenção do sistema e vai aparecer na escuta enquanto uma posição de que não há o que fazer frente à exclusão social, mantendo-se a impotência como operante tanto do lado do sujeito quanto do lado do psicanalista, mais uma vez dificultando que o sujeito se enuncie.

> *A escuta psicanalítica é, desde Freud, transgressora em relação aos fundamentos da organização social; para se efetivar, implica um rompimento do laço que evita o confronto entre o conhecimento da situação social e o saber do outro como sujeito desejante. Dessa escuta, principalmente quando o sujeito se revela enquanto tal, como um dizer, não se sai isento – um posicionamento ético e político é necessário. (Rosa, 2007, p. 190)*

Rosa (2007) enfatiza a possibilidade de a escuta psicanalítica permitir acessar e pensar as sutis malhas da dominação e exclusão social, de modo que o sujeito seja tomado a partir de seu lugar no laço social. A autora pontuou a necessidade de qualificação de psicólogos e psicanalistas em uma escuta clínico-política que leve em conta as especificidades dos desamparos sociais e discursivos. Ela afirmou:

> *As questões que levanto neste trabalho não dizem respeito à elaboração de novas teorias, mas à construção de uma escuta clínica que leve em conta uma especificidade de tais pessoas e situações e que trabalhe a necessidade de uma qualificação que habilite psicólogos e psicanalistas a detectarem as sutis malhas da dominação e a não confundirem seus efeitos com o que é próprio do sujeito. Acredito que são justamente as vicissitudes da escuta psicanalítica que permitem refletir sobre alguns dos efeitos subjetivos e*

> *intersubjetivos da pobreza extrema e da exclusão social, situação em que se encontra expressiva parcela da população brasileira. (Rosa, 2007, pp. 185-6)*

Ao acolher a história de Medusa e acreditar em seu relato, subverteu-se a lógica do desmentido em que ela estava absorta. A angústia inicial dela com o receio de não ser atendida, de não conseguir ter encaminhado seu pedido pela entrega pôde ser contida. Em um dos poucos atendimentos presenciais que puderam ser realizados, ela respirou fundo em dado momento e em seguida disse: "acho que é a primeira vez que acreditam em mim quando conto o fato que aconteceu comigo", referindo-se ao reconhecimento da violência sexual sofrida.

Nesse sentido, essa escuta pode se configurar como elemento no fazer clínico, convocando o psicanalista ao lugar do testemunho, dando lugar no laço transferencial ao que está excluído e que é silenciado pelos processos de opressão e exclusão social. Segundo Gondar e Antonello (2016),

> testemunhar, da parte do analista, não implica apenas acolher ou conter. Implica, primordialmente, reconhecer. O reconhecimento pode ser entendido como a necessidade vital que possui todo indivíduo de ser visto, ouvido, aprovado e respeitado pelo seu entorno (p. 19).

No caso de Dafne, as intervenções a partir dessa escuta conseguiram identificar suas tentativas de fugas de um relacionamento abusivo, gerador de repulsa e, ao assinalar um limite, fez barra a Apolo e ao seu gozo sem limite direcionado a ela. Apesar das tentativas de marcar as repetições que se evidenciaram ao longo dos atendimentos de Dafne, não foi possível colher seus efeitos.

Nessa pesquisa, a escuta psicanalítica empreendida no espaço institucional da Justiça teve a pretensão de realizar uma imersão implicada e comprometida, atenta e ética. Foi possível o estabelecimento de um espaço transferencial com as gestantes, que permitiu a continuidade dos atendimentos enquanto durou o acompanhamento. Operou-se uma Psicanálise em extensão, conforme definida por Campos (2021):

> *trata-se da Psicanálise em extensão, na medida em que se amplia a prática clínica para outras modalidades e dispositivos de trabalho, na saúde, mas também na educação, no trabalho, na assistência social e na vida comunitária. É nesse contexto que se dão as variações técnicas, modificações de enquadre e de finalidades de intervenção que têm sido também uma marca da ampliação do campo de atuação profissional de psicólogos e psicanalistas nas últimas décadas no país. (p. 500)*

Em Rhea, a escuta empreendida permitiu acesso às dores de uma mulher se debatendo entre o amor ao bebê e seus sentimentos de impotência extrema em razão dos processos de exclusão social e pobreza a que estava submetida. Emergiu a partir do trabalho clínico o desejo dela pela filha, seu amor, dor e ambivalência sustentados ao longo do atendimento pela palavra, que, ao ser dita, pronunciada, comportava um dizer sobre o sentir. Trata-se de uma escuta que aposta na elaboração do sentido pela fala, configurando-se ela mesma em intervenção. Rhea foi, até depois do parto, segura de que faria a entrega voluntária do bebê. Contudo, a virada de sua posição estava feita, iniciada em algum lugar do acompanhamento, de onde emergiram possibilidades de Rhea tecer suas escolhas, antes talvez impensadas por ela. Por meio da fala, numa relação transferencial, foi possível a ela se apropriar de seu lugar no laço social e a abertura para que uma escolha fosse realizada.

Nos encontros com as participantes, ocorridos meses após o término dos atendimentos, para coleta das autorizações para esta pesquisa, as três participantes manifestaram ter sido relevante receberem acompanhamento em um momento de grande angústia.

A escuta possível dessas mulheres aconteceu demarcada pelos contornos da cena jurídica, visto que se deu em um acompanhamento inserido nos trâmites processuais. Essa posição descortina um paradoxo em si mesma, uma vez que se apostou na realização de um trabalho com as mulheres fundamentado na Psicanálise, portanto operado por um não saber, ao passo que a Justiça se sustenta em um discurso de saber, de decisão sobre o outro a partir de normas e leis.

Ocorre que, na temática em questão, identificou-se uma torção no discurso jurídico, haja vista que, nas normas relativas à entrega voluntária à adoção, tem se fortalecido o direito da mulher a realizar uma escolha, inclusive aparecendo expressamente que o juiz não se manifestará sobre os motivos que levam a mulher àquela decisão. Consta no Manual do CNJ a seguinte redação: "Não poderá o(a) juiz(a) condicionar a extinção do poder familiar a esclarecimentos pela mulher acerca dos motivos para a entrega voluntária do(a) filho(a) para a adoção" (CNJ, 2023b, p. 26).

No mesmo sentido, de reconhecimento do direito da mulher a realizar escolhas e tomar decisões no curso do processo judicial em pauta, está previsto o respeito ao sigilo em relação à familiares e até ao genitor, advertindo-se, inclusive, que a mulher não poderá ser constrangida a revelar o nome do genitor: "Não poderá haver qualquer constrangimento à genitora que se negar a indicar o genitor de seu(sua) filho(a), podendo exercer inclusive o direito de permanecer em silêncio, sem que este comportamento tenha consequências jurídicas" (CNJ, 2023b, p. 26).

Dessa forma, quando a Justiça se furta ao lugar de saber sobre o sujeito, permitindo que a mulher construa sua escolha, ela restitui esse saber à gestante, à qual pode ser dada a possibilidade de elaborar sua decisão. Entretanto, para que isso ocorra, é imprescindível que os operadores do Justiça, magistrados, promotores, psicólogos e demais profissionais suspendam as resistências que advêm de seu próprio lugar institucional e simbólico de todo-saber.

Motta (2001) apresenta a condição de luto que vivenciam as mulheres após a entrega e quando esse luto não encontra suporte na sociedade. Analisando as perspectivas atuais da entrega voluntária à adoção e do reconhecimento dado à mulher sobre a sua escolha, evidencia-se que a Justiça opera a partir de um lugar simbólico que ocupa na cultura, dando legitimidade a situações antes relegadas ao campo de não reconhecimento.

Considerações finais

No início deste trabalho, ao nos depararmos com o tema, permitimo-nos *de-parar-mo-nos* com os procedimentos técnicos e jurídicos envolvendo o atendimento das mulheres que buscam a entrega voluntária à adoção. Houve *um parar*, uma certa suspensão para pensar no que se apresentava logo ali na rotina de trabalho avassaladora. Passamos a questionar o que poderia representar para as mulheres naquela situação serem encaminhadas ao Judiciário, bem como qual seria o papel da psicóloga diante delas.

Cada um dos casos, bem como eles em conjunto, e cada uma das mulheres fizeram emergir questões relativas ao que faz furo na idealização da maternidade. Mesmo que atualmente esse ideal materno encontre alguns questionamentos na literatura científica, no discurso social e nos encontros entre mães, colocando em questão o impossível de se tomar a maternidade como realização feminina plena, ainda se mostra difícil encarar que mulheres gestantes podem não desejar o bebê a ponto de procurar a Justiça para entregá-los à adoção.

No trabalho que eu, Daniela, desenvolvo com os profissionais de saúde da rede de atendimento e em eventos promovidos para a discussão sobre o tema das gestantes da entrega voluntária, fica evidente o desconforto e a complexidade dos sentimentos vivenciados pelos ouvintes quando se propõe uma escuta acolhedora e continente a essas mulheres gestantes. Esse mal-estar traduz o quanto ainda se mostram arraigadas as construções imaginárias da maternidade como destino inquestionável da mulher.

O vínculo com o bebê se estrutura a partir das construções psíquicas maternas inconscientes não necessariamente coexistentes ao tempo da gestação. Em geral, são experiências anteriores a partir das quais cada sujeito promove seu laço com o social. Além disso, um contexto de exclusão social e vulnerabilidade atravessa a vida dessas mulheres, assim como as gestações e o vínculo com os bebês que gestam. Nesse sentido, propusemo-nos a pensar que a entrega voluntária à adoção pode comportar algo além da identificação e do reconhecimento do desejo feminino como não adstrito a tornar-se mãe. As reflexões conduziram a pensar que as condições de precariedade social e desamparo podem ser determinantes no próprio desejo pela maternidade e mesmo nas possibilidades de essas mulheres chegarem aos dispositivos e de anunciarem suas escolhas. Deve ser fundamental nos serviços a capacidade de reconhecer a entrega (in)voluntária como um caminho cruel trilhado por inúmeras mulheres pobres brasileiras. É prioritário que o atendimento às mulheres gestantes reconheça a desigualdade social, o desamparo discursivo e a rede de apoio precária dessas mulheres.

Acrescentamos que as mulheres que pretendem entregar os bebês para a adoção, segundo o discurso jurídico, passam a se configurar como destinatárias de garantias de acolhimento e escuta partindo-se do dever de proteção da infância. Longe de desconsiderar a importância das ações políticas, sociais e discursivas sobre a infância, o que se pretende assinalar é que mulheres em condições de sofrimento psíquico e/ou exclusão social podem não ser objeto de cuidado e proteção por sua condição própria de sujeito. É somente a partir da necessidade de evitar o abandono desses bebês que pode ser vislumbrada uma condição anterior a isso e que diz respeito ao abandono vivenciado por tantas mulheres na sociedade. A mulher é, portanto, e novamente, um sujeito secundário, como cidadã de segunda classe, conforme nomeada pela autora nigeriana Emecheta (2018) na obra com o mesmo título.

Entretanto, a Justiça tanto reflete a organização social, quanto legitima relações entre os seres, permitindo que se abra também uma fissura no discurso ideológico e romântico da maternidade enquanto ideal, ao reconhecer o direito da mulher em suas escolhas relativas à entrega voluntária. A temática sobre a entrega legal pode ser tratada dentro do Poder Judiciário como uma brecha, um furo no circuito da repetição ao propor esse cuidado com a gestante. Entretanto, é fundamental que esse trabalho viabilize ampliar a discussão relativa à maternidade e à exclusão social, pois pode ocorrer um desvelamento de questões que se encontram no cerne das situações da entrega voluntária à adoção, que vão além apenas de condições subjetivas da mulher, mas se referem ao laço social de onde podem ser colhidos efeitos a partir desse ato jurídico.

Nessa esteira, a ampliação dessa discussão não envolve apenas mulheres que buscam a entrega, mas mulheres que, em situação de precariedade, sequer acessam o Poder Judiciário. As situações de exclusão são muito mais amplas do que apenas garantir a escolha feita perante o juiz. Há que se garantir que elas possam contar com uma escuta que lhes permita pensar sobre o seu lugar no laço social e fazer circular a palavra, podendo, nesse movimento, abrir-se para modificações de posicionamentos e sentidos.

Aliado a isso, é premente que se reconheça a precariedade das políticas públicas para promoção social e diminuição das desigualdades sociais, as quais não alcançam seus objetivos e ainda fazem padecer boa parte da população. Desconsiderar essas questões é uma maneira de culpabilizar o sujeito e recalcar as importantes implicações do ambiente na vida das mulheres.

Por fim, ousamos pensar que a chegada dessa temática no contexto judiciário abre possibilidades para se discutir mais amplamente as questões afeitas à mulher e seus direitos, bem como a ampliação de políticas públicas, promovendo-se maior acesso a creches, efetiva prevenção da violência, garantia do direito ao aborto legal, reconhecimento do aborto como direito reprodutivo da mulher, dentre outros, alcançando mulheres em condições de exclusão social e opressão racial e/ou de gênero, vítimas de violência, invisibilizadas sob o argumento da maternidade instintual.

Essas possibilidades decorrem, contudo, do compromisso assumido pelos sujeitos envolvidos nessa prática a partir de uma posição ético-política em defesa dos direitos das mulheres.

Referências

Alberti, C. (2015). Introdução. In C. Alberti, & E. Alvarenga (Orgs.), *Ser mãe: mulheres psicanalistas falam da maternidade*. EBP.

Alberti, C., & Alvarenga, E. (Orgs.). (2015). *Ser mãe: mulheres psicanalistas falam da maternidade*. EBP.

Almeida, J. P. M. de. (out., 2014). *Os discursos de verdade produzidos na esfera judicial: estupros em Salvador*. XVII Semana de Mobilização Científica da Universidade Católica de Salvador. UCSAL-AS. http://ri.ucsal.br:8080/jspui/bitstream/prefix/4365/1/Os%20discursos%20de%20verdade%20produzidos%20na%20esfera%20judicial%3A%20estupros%20em%20Salvador.pdf

Almeida, S. (2021). *Racismo estrutural* (Coleção Feminismos Plurais). Jandaíra.

Alonso, S. L. (2011). *O tempo, a escuta e o feminino*. Casa do Psicólogo.

Aragão, R. O. de, & Marin, I. K. (2014). Entre o estranho e o familiar – desafios para a prevenção. *Estilos da Clínica, 19*(1), 57-66.

Arantes, E. (2020). A reinvenção da Roda dos Expostos: arquivo, memória e subjetividade. *Mnemosine, 16*(2), 355-91.

Badinter, E. (1985). *Um amor conquistado: o mito do amor materno*. Nova Fronteira.

Barros-Brisset, F. O. de. (2011). "Passageira clandestina": a orientação lacaniana no campo da psicologia jurídica. In Conselho Federal de Psicologia, *Psicologia em interface com a Justiça e os direitos humanos*. CFP. https://site.cfp.org.br/wp-content/uploads/2011/05/psic_direitos_25-03-11_-_final.pdf

Betts, J. (jun.-jul., 2014). Desamparo e vulnerabilidades no laço social – a função do psicanalista. *Revista da Associação de Psicanalítica*, (45-46), 9-19. https://appoa.org.br/uploads/arquivos/revistas/revista_45_46.pdf

Bondia, J. L. (jan.-abr., 2002). Notas sobre a experiência e o saber de experiência. *Revista Brasileira de Educação*, (19), 20-8.

Brasil. (1940). *Decreto-Lei n. 2.848, de 7 de dezembro de 1940. Código Penal Brasileiro*. https://www.planalto.gov.br/ccivil_03/decreto-lei/del2848compilado.htm

Brasil. (1990). *Lei Federal n. 8.069/1990. Estatuto da Criança e do Adolescente*. http://www.planalto.gov.br/ccivil_03/leis/l8069.htm

Brasil. (2009). *Lei Federal n. 12.010/2009. Nova Lei da Adoção*. Disponível em: https://www.planalto.gov.br/ccivil_03/_ato2007-2010/2009/lei/l12010.htm

Brasil. (2010). *Decreto n. 12.288/2010. Institui o Estatuto da Igualdade Racial*. https://www.planalto.gov.br/ccivil_03/_ato2007-2010/2010/lei/l12288.htm

Brasil. (2016). *Lei Federal n. 13.257/2016. Marco Legal da Primeira Infância*. https://www.planalto.gov.br/ccivil_03/_ato2015-2018/2016/lei/l13257.htm

Brasil. (2017). *Lei Federal n. 13.509/2017. Dispõe sobre adoção, entrega voluntária e outros*. https://www.planalto.gov.br/ccivil_03/_ato2015-2018/2017/lei/l13509.htm

Brisset, F. O. (2011). Mesa: Psicologia em interface com a Justiça e os Direitos Humanos – Um compromisso com a sociedade. In Conselho Federal de Psicologia, *Psicologia em interface com a justiça e os direitos humanos*. CFP.

Brisset, F. O. (2019). A psicanálise é de benefício em uma ordem dura. In E. P. Brandão (Org.), *Psicanálise e Direito: subversões do sujeito no campo jurídico*. Nau.

Campos, É. B. V. (set.-dez., 2021). Delineamento de pesquisa no campo psicanalítico: uma proposição sintética. *Psicanálise Clínica*, *33*(3), 487-505.

Caffé, M. (2006). A psicanálise no encontro com outras práticas institucionais. *Saúde, Ética & Justiça*, *11*(1/2), 36-44.

Caffé, M. (2010). *Psicanálise e direito* (2ª ed.). Quartier Latin do Brasil.

Catão, I. (2015). O corpo como resposta à invocação da mãe. *Revista Psicologia, Diversidade e Saúde*, *4*(1), 21-6.

Clemens, J. (2015). *A (mal) dita maternidade: a maternidade e o feminino entre os ideais sociais e o silenciado* [Tese de Doutorado, Universidade Federal de Santa Catarina].

Collins, P. H., & Bilge, S. (2021). *Interseccionalidade*. Boitempo.

Colombani, L. (2018). *A trança* (e-book). Bertrand.

Conselho Federal de Psicologia – CFP. (2000). *Resolução n. 14, 20 de dezembro de 2000. Institui o Título Profissional de Especialista em Psicologia e dispõe sobre normas e procedimentos para seu registro*. https://site.cfp.org.br/wp-content/uploads/2006/01/resolucao2000_14.pdf

Conselho Federal de Psicologia – CFP. (2005). *Resolução n. 010/2005. Código de Ética Profissional do Psicólogo*. https://site.cfp.org.br/wp-content/uploads/2012/07/codigo-de-etica-psicologia.pdf

Conselho Nacional de Justiça – CNJ. (2020). *Curso Marco Legal da Primeira Infância para Todos. Unidade 1, Avanços e desafios na aplicação da regra da prioridade absoluta no contexto da primeira infância.* [Apresentado em um Curso interno ofertado pelo CNJ aos servidores do judiciário].

Conselho Nacional de Justiça – CNJ. (2023a). *Resolução nº 485/2023. Dispõe sobre o adequado atendimento de gestante ou parturiente que manifeste desejo de entregar o filho para adoção e a proteção integral da criança.* https://atos.cnj.jus.br/files/original1451502023012663d29386eee18.pdf

Conselho Nacional de Justiça – CNJ. (2023b). *Manual sobre a Entrega Voluntária – Resolução nº 485/2023.* https://www.cnj.jus.br/wp-content/uploads/2023/03/manual-entrega-voluntaria-23-05-09.pdf

Curado, B. T. F., & Lazzarini, E. R. (jan./jun., 2019). Narrativa em análise: da escrita ao conto. *Cadernos de Psicanálise*, *41*(40), 35-47.

Departamento Intersindical de Estatística e Estudos Socioeconômicos – Dieese. (2023). *As dificuldades das mulheres chefes de família no mercado de trabalho.* https://www.dieese.org.br/boletimespecial/2023/mulheres2023.pdf

Dias, F. C. de S. C., & Neves, A. S. (dez., 2018). Enredo familiar na adoção irregular: construção de caso na clínica psicanalítica. *Revista Subjetividades*, Fortaleza, *18*(3), 64-76.

Dias, M. B., & Oppermann, M. C. (2014). Direito constitucional ao afeto. In C. Ladvocat, & S. Diuana, *Guia de adoção: no jurídico, no social, no psicológico e na família*. Roca.

Digiácomo, M. J., & Amorim, I. (2020). *Estatuto da criança e do adolescente anotado e interpretado*. Centro de Apoio Operacional das Promotorias da Criança e do Adolescente. https://crianca.mppr.

mp.br/arquivos/File/publi/caopca/eca_anotado_2020_8ed_mppr.pdf

Emecheta, B. (2018). *Cidadã de segunda classe* (e-book). Dublinense.

Evans, S. (2012). Rodas de bebês rejeitados ressurgem na Europa. *BBC News Brasil*. https://www.bbc.com/portuguese/noticias/2012/06/120626_roda_europa_crescimento_lgb

Faria, M. R. (2021). *Constituição do sujeito e estrutura familiar: o complexo de Édipo de Freud a Lacan* (3ª ed.). Cabral Universitária.

Ferenczi, S. (1992). Análise de crianças com adultos. In *Psicanálise IV*. Martins Fontes. (Trabalho original publicado em 1931).

Ferreira, A. B. de H. (2010). *Dicionário Aurélio da Língua Portuguesa* (5ª ed.). Positivo.

Ferreira-Teixeira, M. C., Visintin, C. D. N., & Vaisberg, T. M. J. A. (2019, dezembro). Imaginário de profissionais de saúde sobre mães de bebês disponíveis para serem adotados. *Psicologia em Revista*, 25(3), 1194-212.

Figueiredo, L. C. (2021). *A mente do analista* (2ª ed.). Escuta.

Figueiredo, L. C. de B., Nery, C. M., & Teixeira, P. A. de S. (Orgs.). (2021). *Acolhendo mulheres: a entrega de crianças para adoção em Pernambuco* (2a ed.). Centro de Estudos Judiciários, Tribunal de Justiça de Pernambuco. https://www.tjpe.jus.br/documents/72348/1702483/Acolhendo+mulheres+-+Ago-2021.pdf/7e5d78f8-cee8-4ed4-0534-20ea7233260b

Fingermann, D., & Dias, M. M. (2019). *Por causa do pior* (1ª reimpressão). Iluminuras.

Fonseca, C. (1995). *Caminhos da adoção* (3ª ed.). Cortez.

Fórum Brasileiro de Segurança Pública. (2021). *Violência contra as mulheres em 2021*. https://forumseguranca.org.br/wp-content/uploads/2022/03/violencia-contra-mulher-2021-v5.pdf

Freud, S. (1996). Estudos sobre a histeria. In *Edição standard brasileira das obras psicológicas completas de Sigmund Freud* (Vol. II). Imago. (Trabalho original publicado em 1895).

Freud, S. (1996). A interpretação dos sonhos. In *Edição standard brasileira das obras psicológicas completas de Sigmund Freud* (Vol. VII). Imago. (Trabalho original publicado em 1900).

Freud, S. (1996). Três ensaios sobre a teoria da sexualidade. In *Edição standard brasileira das obras psicológicas completas de Sigmund Freud* (Vol. VII). Imago. (Trabalho original publicado em 1905).

Freud, S. (1996). A psicanálise e a determinação dos fatos nos processos jurídicos. In *Edição standard brasileira das obras psicológicas completas de Sigmund Freud* (Vol. IX). Imago. (Trabalho original publicado em 1906).

Freud, S. (1996). Totem e tabu. In *Edição standard brasileira das obras psicológicas completas de Sigmund Freud* (Vol. XIII). Imago. (Trabalho original publicado em 1913).

Freud, S. (1996). Sobre o narcisismo: uma introdução. In *Edição standard brasileira das obras psicológicas completas de Sigmund Freud* (Vol. XIV). Imago. (Trabalho original publicado em 1914).

Freud, S. (1996). Os instintos e suas vicissitudes. In *Edição standard brasileira das obras psicológicas completas de Sigmund Freud* (Vol. XIV). Imago. (Trabalho original publicado em 1915).

Freud, S. (1996). A organização genital infantil. In *Edição standard brasileira das obras psicológicas completas de Sigmund Freud* (Vol. XIX). Imago. (Trabalho original publicado em 1923).

Freud, S. (1996). Sexualidade feminina. In *Edição standard brasileira das obras psicológicas completas de Sigmund Freud* (Vol. XXI). Imago. (Trabalho original publicado em 1931).

Freud, S. (1996). Feminilidade. In *Edição standard brasileira das obras psicológicas completas de Sigmund Freud* (Vol. XXII). Imago. (Trabalho original publicado em 1932).

Freud, S. (1996). Construções em análise. In *Edição standard brasileira das obras psicológicas completas de Sigmund Freud* (Vol. XXIII). Imago. (Trabalho original publicado em 1937).

Freud, S. (2020). O infamiliar. In *Obras incompletas de Sigmund Freud. Vol. 8: O infamiliar e outros escritos* (E. Chaves, & P. H. Tavares, trads.). Autêntica. (Trabalho original publicado em 1919).

Freud, S. (2020). Psicologia das massas e análise do eu. In *Cultura, sociedade, religião: o mal-estar na cultura e outros escritos. Obras incompletas de Sigmund Freud* (G. Ianini, & P. H. Tavares, coords.). Autêntica. (Trabalho original publicado em 1921).

Freud, S. (2020). Mal-estar na cultura. In *Cultura, sociedade, religião: o mal-estar na cultura e outros escritos. Obras incompletas de Sigmund Freud* (G. Ianini, & P. H. Tavares, coords.). Autêntica. (Trabalho original publicado em 1930).

Freud, S. (2021). Sobre a psicoterapia. Fundamentos da clínica psicanalítica. In *Obras incompletas de Freud*. Autêntica. (Trabalho original publicado em 1905).

Freud, S. (2021a). Recomendações ao médico sobre o tratamento psicanalítico. In *Obras incompletas de Freud*. Autêntica. (Trabalho original publicado em 1912).

Freud, S. (2021b). Sobre a dinâmica da transferência. Fundamentos da clínica psicanalítica. In *Obras incompletas de Freud*. Autêntica. (Trabalho original publicado em 1912).

Furtado, R. N., & Camilo, J. A. de O. (dez., 2016). O conceito de biopoder no pensamento de Michel Foucault. *Revista Subjetividades, 16*(3), 34-44.

Garrafa, T. (set., 2013). Ruptura corporal e trabalho psíquico no parto. *Boletim online – Sedes Sapientiae*, (26). https://www.sedes.org.br/Departamentos/Psicanalise/index.php?apg=b_visor&pub=26&ordem=10

Gomes, M. M., & Aguiar, F. (jul.-dez., 2018). Sobre sujeito do direito e sujeito da psicanálise. *Cadernos de Psicanálise*, *40*(39), 119-212. http://pepsic.bvsalud.org/scielo.php?script=sci_arttext&pid=S1413-62952018000200010

Gondar, J., & Antonello, D. F. (2016). O analista como testemunha. *Psicologia USP*, *27*(1), 16-23.

Gonzalez, L. (2020). Racismo e sexismo na cultura brasileira. In F. Rios, & M. Lima (Orgs.), *Por um feminismo afro-latino-americano*. Zahar.

Iaconelli, V. (2020). Reprodução de corpos e de sujeitos: a questão perinatal. In D. Teperman, T. Garrafa, & V. Iaconelli (Orgs.), *Parentalidade*. Autêntica.

Instituto Brasileiro de Geografia e Estatística – IBGE. (2021). *Estatísticas de gênero: indicadores sociais das mulheres no Brasil.* https://biblioteca.ibge.gov.br/visualizacao/livros/liv101784_informativo.pdf

Instituto Brasileiro de Geografia e Estatística – IBGE. (2022). *Desigualdades sociais por cor ou raça no Brasil.* https://biblioteca.ibge.gov.br/visualizacao/livros/liv101972_informativo.pdf

Instituto de Pesquisa Econômica Aplicada – IPEA. (2019). *Atlas da Violência 2019. Fórum Brasileiro de Segurança Pública.* https://www.ipea.gov.br/atlasviolencia/arquivos/artigos/6363-atlasdaviolencia2019completo.pdf

Iribarry, I. N. (jan.-jun., 2003). O que é a pesquisa psicanalítica? *Ágora*, *6*(1), 115-38.

Lacan, J. (1985). Mais, ainda. In *O Seminário: Livro 20*. Jorge Zahar Editor. (Trabalho original publicado em 1973).

Lacan, J. (1998). O tempo lógico e a asserção da certeza antecipada. In *Escritos*. Zahar. (Trabalho original publicado em 1945).

Lacan, J. (2003). Premissas a todo desenvolvimento possível da criminologia. In *Outros escritos*. Zahar. (Trabalho original publicado em 1950).

Lacan, J. (2003). Nota sobre a criança. In *Outros escritos*. Zahar. (Trabalho original publicado em 1969).

Laplanche, J., & Pontalis, M. (1998). *Vocabulário de psicanálise*. Martins Fontes.

Leão, F. E., Martins, B. M. C., Faraj, S. P., Siqueira, A. C., & Santos, S. S. (ago., 2014). Mulheres que entregam seus filhos para adoção: um estudo documental. *Revista Subjetividades*, *14*(2), 276-283.

Leonardo, F. A. M., & Morais, A. G. L. (jan.-jun., 2017). Família monoparental feminina: a mulher como chefe de família. *Revista do Instituto de Políticas Públicas de Marília*, *3*(1), 11-22.

Maia, M. S. (1995). A dimensão criadora da experiência analítica. In D. Kuppermann, & D. Rollemberg (Orgs.), *Universos da psicanálise*. Relume-Dumará.

Martins, A. C. B. L., & Souza, M. A. (2021). Amálgamas do não. In L. Danziato, L. C. Teixeira, & J.-L. Gaspard (Orgs.), *Violência de gênero e ódio ao feminino* (e-book). CRV.

Martins, B. M. C., Faraj, S. P., Santos, S. S., & Siqueira, A. C. (2015). Entregar o filho para adoção é abandoná-lo? Concepções de profissionais da saúde. *Psicologia: Ciência e Profissão*, *35*(4), 1294-309.

Matheus, A. (2015). *Medusa: esquecida e amaldiçoada* (versão digital). IXTLAN.

Maux, A. A. B., & Dutra, E. (ago., 2010). A adoção no Brasil: algumas reflexões. *Estudos e Pesquisas em Psicologia*, *10*(2).

Medeiros, J. M. M. (maio-ago., 2021). Desafios à política de saúde brasileira: impactos no direito ao aborto legal. *Revista Katálysis*, *24*(2), 280-90.

Menezes, K. F. F. L. (2007). *Discurso de mães doadoras: motivos e sentimentos subjacentes à doação* [Dissertação de Mestrado em Psicologia Clínica, Universidade Católica de Pernambuco].

Ministério da Saúde. (2010). *Acolhimento nas práticas de produção de saúde* (2ª ed.) Editora do Ministério da Saúde.

Mizael, T. M., Barrozo, S. C. V., & Hunziker, M. H. L. (2021). Solidão da mulher negra: uma revisão da literatura. *Revista da Associação Brasileira de Pesquisadores Negros – ABPN*, *13*(38), 212-39.

Mougin-Lemerle, R. (2010). Sujeito do direito, sujeito do desejo. In S. Altoé (Org.), *Sujeito do direito, sujeito do desejo: direito e psicanálise* (3ª ed.). Revinter.

Moura, D. F. G. (jun., 2013). Maternidade e poder. *Revista Mal-Estar e Subjetividade*, *13*(1-2), 387-404. http://pepsic.bvsalud.org/pdf/malestar/v13n1-2/15.pdf

Motta, B. F. B., Perucchi, J., & Filgueiras, M. S. T. (jan.-jul., 2014). O acolhimento em Saúde no Brasil: uma revisão sistemática de literatura sobre o tema. *Revista da Sociedade Brasileira de Psicologia Hospitalar*, *17*(1). http://pepsic.bvsalud.org/scielo.php?script=sci_arttext&pid=S1516-08582014000100008

Motta, M. A. P. (2001). *Mães abandonadas: a entrega de um filho em adoção*. Cortez.

Motta-Maués, M. A. (2012). Uma mãe leva a outra (?): práticas informais (mais nem tanto) de "circulação de crianças" na Amazônia. *Script Nova. Revista Electrònica de Geografia y Ciencias Sociales*, *16*(395), 8. http://www.ub.edu/geocrit/sn/sn-395/sn-395-8.htm

Neves, C. (2015). *ONU rejeita mas Europa continua a ter a "roda dos enjeitados"*. https://www.dn.pt/sociedade/onu-rejeita-mas-europa-continua-a-ter-a-roda-dos-enjeitados-4844006.html

Nunes, M. C. A., & Morais, N. A de. (2016). Estupro e gravidez: relatos das vivências de mulheres antes e após o desfecho da gestação. *Estudos de Psicologia*, *21*(4), 468-76.

Nunes, S. A. (2011). Afinal, o que querem as mulheres: maternidade e mal-estar. *Psicologia Clínica*, *23*(2), 101-15.

Ons, S. (2021). *Tudo o que você precisa saber sobre psicanálise* (2ª ed.). Planeta.

Paiva, S. A., Passos, D., Lima, A. C. P., Farias, A. C. N., Moraes, J. dos S., & Pessoa, F. R. de A. (2021). O trauma e os discursos coloniais: o despertar de uma reflexão sobre a violência racista contra a mulher negra no Brasil. In L. J. B. Danziato, L. C. Teixeira, & J.-L. Gaspard (Orgs.), *Violência de gênero e ódio ao feminino* (e-book). CRV.

Porto, R. de A. (2011). *Roda dos expostos: deslocamentos do livro ao jornal* [Tese de Doutoramento. Programa de Pós-graduação em Literatura Brasileira e Teoria Literária, Universidade Federal de Santa Catarina].

Ramos, A. L. O., & Gonçalves, R. (2020). Entrega voluntária em adoção sob a perspectiva de cor/raça. *Anais do VI Simpósio de Gênero e Políticas Públicas*, *6*, 41-61.

Racamier, P., Sens, C., & Carretier, L. (2019). La mère et l'enfant dans les psychoses du post-partum. In H. Parat (Ed.), *Maternités* (pp. 157-73). Presses Universitaires de France. (Trabalho original publicado em 1961).

Rocha, B. F., & Guerra, A. M. C. (2021). O *a posteriori* na construção metodológica da pesquisa em psicanálise. In T. Almeida, P. D.

Ferreira, & F. Belo (Orgs.), *Estudos psicanalíticos: método, epistemologia e cultura*. Zagadoni.

Rosa, M. D. (2007). Uma escuta psicanalítica de jovens da periferia: a construção de laços fraternos e amorosos. In S. Altoé (Org.), *A Lei e as leis: Direito e Psicanálise*. Revinter.

Rosa, M. D. (2018). *A clínica psicanalítica em face da dimensão sociopolítica do sofrimento* (2ª ed.). Escuta.

Rosa, M. D. (2020). Passa anel: famílias, transmissão e tradição. In D. Teperman, T. Garrafa, & V. Iaconelli (Orgs.), *Parentalidade*. Autêntica.

Rosa, M. D. (2022). Sofrimento sociopolítico, silenciamento e a clínica psicanalítica. *Psicologia: Ciência e Profissão*, *42*(e242179), 1-10.

Rosa, M. D., Binkowski, G. I., & Souza, P. S. (jan.-jun., 2019). Tornar-se mulher negra: uma face pública e coletiva do luto. *Clínica & Cultura*, *8*(1), 86-100. https://seer.ufs.br/index.php/clinicaecultura/article/view/14864/11403

Rosa, M. D., & Souza, P. S. (2021). Racismo, sexismo e denegação no Brasil: contribuições psicanalíticas de Lélia Gonzalez. In L. J. B. Danziato, L. C. Teixeira, & J.-L. Gaspard (Orgs.), *Violência de gênero e ódio ao feminino* (e-book). CRV.

Schechter, L. M. de S., & Perelson, S. (2017). Separar-se da mãe para tornar-se mãe: a criação do espaço de concepção. *Psicologia Clínica*, 29(3), 403-27. http://pepsic.bvsalud.org/scielo.php?script=sci_arttext&pid=S0103-56652017000300004

Serra, M. M. P. (jul.-dez., 2003). Algumas considerações sobre a circulação de crianças no Brasil e sua distribuição por regiões. *Revista Brasileira de Estudos de População*, *20*(2), 229-39. https://www.rebep.org.br/revista/article/view/294

Solano-Suarez, E. (2015). Maternidade blues. In C. Alberti, & E. Alvarenga, *Ser mãe: mulheres psicanalistas falam da maternidade*. EBP.

Soler, C. (2005). *O que Lacan dizia das mulheres*. Jorge Zahar.

Sousa, R. F. de. (jan.-abr., 2017). Cultura do estupro: prática e incitação à violência sexual contra mulheres. *Estudos Feministas*, 25(1), 422.

Souza, A. C. O. de L. (2019). *Trocando as lentes: um olhar sobre mulheres e homens que procuram a Justiça para entregar uma criança para adoção* [Dissertação de Mestrado em Psicologia Clínica, Universidade Católica de Pernambuco].

Stellin, R. M. R., Monteiro, C. F. d'A., Albuquerque, R. A., & Marques, C. M. X. C. (2011). Processos de construção de maternagem. Feminilidade e maternagem: recursos psíquicos para o exercício da maternagem em suas singularidades. *Estilos da Clínica*, *16*(1), 170-85.

Szejer, M. (2020). *Questões éticas em torno do nascimento*. Instituto Langage.

Tavares, R. C. (2016). O bebê imaginário: uma breve exploração do conceito. *Revista Brasileira de Psicoterapia*, *18*(1), 68-81. https://cdn.publisher.gn1.link/rbp.celg.org.br/pdf/v18n1a06.pdf

Teperman, D., Garrafa, T., & Iaconelli, V. (2020). *Parentalidade*. Autêntica.

Tribunal de Justiça de Minas Gerais – TJMG. (2019). *Ações e Programas: Programa Entrega Legal*. https://www.tjmg.jus.br/portal-tjmg/acoes-e-programas/entrega-legal.htm#.Yu6vWRzMLbo

Tribunal de Justiça de Minas Gerais – TJMG. (2020). *Cartilha do Programa Entrega Legal*. https://www.tjmg.jus.br/lumis/portal/file/fileDownload.jsp?fileId=8A80E40A6E9372E1016EB88059AC3DAA

Tribunal de Justiça de São Paulo – TJSP. (2015). *Política de Atenção à Gestante: apoio profissional para uma decisão amadurecida sobre permanecer ou não com a criança*. https://www.tjsp.jus.br/

Download/CoordenadoriaInfanciaJuventude/Pdf/CartilhaGestante2015.pdf

Tribunal de Justiça do Mato Grosso do Sul – TJMS. (2021). *Manual do Projeto Dar a Luz*. https://www5.tjms.jus.br/_estaticos_/infanciaejuventude/cartilhas/manual-projeto-daraluz.pdf

Tribunal de Justiça do Rio de Janeiro – TJRJ. (2017). *Entregar de forma Legal é Proteger.* http://conhecimento.tjrj.jus.br/documents/5736540/6207821/cartilha-Entregar+%C3%A9+Proteger.pdf

Vendrúscolo, C. T., & Kruel, C. S. (2015). A história do parto: do domicílio ao hospital; das parteiras aos médicos; de sujeito a objeto. *Disciplinarum Scientia. Série: Ciências Humanas, 16*(1), 95-107.

Viana, K. M. da S. (jul.-dez., 2021). A atuação do Ministério Público na entrega voluntária de crianças à adoção. *Revista Eletrônica do Ministério Público do Estado do Piauí, 1*(edição 2). https://www.mppi.mp.br/internet/wp-content/uploads/2022/06/A-atuac%CC%A7a%CC%830-do-Ministe%CC%81rio-Pu%CC%81blico-na-entrega-volunta%CC%81ria-de-crianc%CC%A7as-a%CC%80-adoc%CC%A7a%CC%830.pdf

Wilkinson, P. (2018). *O livro da mitologia*. Globo Livros.

Winnicott, D. (2000). O ódio na contratransferência. In *Da pediatria à psicanálise*. Obras Escolhidas. Imago Editora. (Trabalho original publicado em 1947).

Zalcberg, M. (2003). A *relação mãe e filha* (20ª reimpressão, e-book). Elsevier.

GRÁFICA PAYM
Tel. [11] 4392-3344
paym@graficapaym.com.br